KB202711

제3시대와 요한복음

연세신학문고 001

제3시대와 요한복음

유동식 지음

동연

머 리 말

성서적 진리는 수학적 공식과도 같이 언제나 어디서나 누구에게나 똑같이 이해될 수 있는 객관적 지식의 대상이 아니다. 성서는 고대 유대 민족의 문화와 역사를 통해 계시하신 하나님의 우주적 진리의 말씀이 들어 있는 책이다. 따라서 성서는 그 문자나 사건에 매어 있을 것이 아니라, 그 안에 들어 있는 하나님의 말씀을 알아듣도록 해석되지 않으면 안 된다.

해석에는 해석자의 전이해가 작용한다. 곧 그가 살고 있는 역사와 문화적 현실이 만든 개념에 의해 이해되기 마련이다. 오늘 우리가 성서를 읽고 이해하는 데에는 21세기에 사는 한국인으로서의 이념이 작용하고 있다. 그뿐 아니라, 각 개인이 지니고 있는 전이해도 작용한다. 따라서 모든 사람들의 성서 이해에는 '복음'이라는 공통구조가 있음에도 불구하고, 개인적인 특성이 있게 마련이다. 이것은 성서의 기록 자체가 그러하다. 역사적 예수 그리스도의 사건은 하나였다. 그러나 그의 행적과 교훈을 적은 복음서는 넷이나 된다. 그것은 자료 문제도 있었겠지만 교회가 처해 있던 시대와 문화적 환경뿐만 아니라, 각 저자의 전이해의 차이 때문이기도 하다.

나는 제4복음서인 요한복음서에 들어 있는 진리를 오늘의 시각에서 해명해보려고 했다. 실은 같은 맥락에서 이미 책자를 낸 바 있다. 『풍류도와 요한복음』(한들출판사, 2007)이 그것이다. 따라서 이 책에는 앞의 책과 중복된 부분이 적지 않을 것이다. 어쩌면 앞의 책을 수정 증보한 책으로 보는 것이 옳을는지도 모른다.

그러나 이미 7년의 세월이 흘러갔고, '연세신학문고'의 하나라는 저술의 동기와 목적이 다르니만치 거기에는 새로운 이해의 세계가 담긴 새 책으로 볼 수도 있을 것이다. 읽는 이들에게 다소나마 도움이 되기를 바란다.

2014년 6월

유동식

차 례

I

제3시대와 요한의 신학

신학은 성서에 계시된 하나님과 그리스도와 인생에 대해 체계적 이해를 도모한다. 그리고 그 중심에는 그리스도론이 있다. 구약성서는 그리스도에 대한 예언서요, 신약성서는 역사적 예수가 곧 그리스도 구세주라는 사실을 증언하고 있는 경전이다.

신약성서는 크게 세 문서군으로 구성되어 있다. 곧 사도들의 서신들과 역사서들 그리고 요한문서들이 그것이다. 또한 각 문서군은 각기 특성을 달리한 신학을 전개하고 있다.

신약성서 안에는 다음과 같은 세 유형의 신학이 들어 있다. 첫째는 바울의 신앙적 그리스도와 부활 중심의 신학이다. 이것은 주후 50년대에 형성된 제1의 신학이다. 둘째는 마가의 역사적 예수와 십자가 중심의 신학이다. 이것은 주후 70년대에 형성된 제2의 신학이다. 셋째는 요한에 의한 우주적 예수 그리스도와 성육신 중심의 신학이다. 이것이 주후 90년대에 형성된 제3의 신학이다.

이제 차례대로 그 내용과 특징을 살펴보려고 한다.

1. 바울의 신앙적 그리스도와 부활 중심의 신학

그리스도의 부활과 예루살렘 교회의 형성

예수님 당시의 유대 민족은 로마제국의 한 식민지 백성이었고 정치 · 경제적으로 열악한 존재였다. 그러나 그들의 종교문화는 로마를 능가하고 있었다. 1천여 년에 걸쳐 하나님으로부터 종교적 훈련을 받아왔을 뿐만 아니라 종교문학의 결집체인 구약성서를 지닌 민족이었다. 구약이란 하나님께서 유대 민족을 택하시고, 그들을 축복하시고, 그들을 통해 온 세상을 구원하시리라는 약속을 뜻한다. 이 약속에 따라 하나님께서 구세주를 보내주셨다. 그가 곧 예수 그리스도시다.

이 사실을 믿고 예수를 따라다니는 제자와 무리들이 있었다. 그러나 예수가 유대교의 종교적 이단자요, 스스로 왕이라고 칭한 정치적 반역자라는 죄명을 쓰고 십자가에 처형되자, 이에 실망한 무리들은 흩어지고 말았다. 그런데 이때에 한 우주적인 사건이 일어났다. 그것은 예수께서 장사한 지 사흘 만에 부활하시고, 제자들 앞에 나타나셨다는 사실이다. 이것은 주후 30년경의 일이다. 이에 제자들은 예수님이 곧 하나님께서 약속하신 그리스도이심을 확신하고, 이것을 세상에 전파하며 모여서 예배를 드리기 시작했다. 이것이 교회의 시작이었다. 이것은 예루살렘에서 시작되었으며 당시의 교인들은 유대인들이었다.

바울의 회심과 선교

부활하신 그리스도는 먼저 자기를 따르던 제자들에게 나타나셨다. 그뿐만 아니라 자기를 본 바도 없고 교회를 유대교의 이단으로 알고 박해에 앞장섰던 바울에게도 나타나신 것이다. 이는 복음의 세계선교를 위하여 그가 필요했기 때문에 선택하신 하나님의 섭리라고 생각된다. 예수님을 따르던 제자들은 거의가 학문이 없고 사회적 지위도 없는 가난한 사람들이었다. 그러나 바울은 유대교에 정통한 사람이요, 당시의 세계문화인 헬레니즘 문화 속에서 자라났을 뿐만 아니라 로마의 시민권까지 가지고 있는 최고의 엘리트 중 한 사람이었다. 그리고 바울은 유대교의 큰 스승인 가말리엘 밑에서 공부한 바리새파 사람이었다. 그러기에 기독교가 유대교의 이단이라는 판단을 할 수도 있었다. 그러나 부활하신 그리스도를 만나게 되자, 또한 그는 그리스도야말로 유대인과 전 인류가 기대하던 메시아 곧 구세주임을 천명할 수도 있었던 것이다.

바울은 철저한 성격의 사람이었다. 회심 후 약 15년에 걸쳐 신앙훈련과 선교 준비를 한 뒤에 비로소 세계선교에 나섰다. 그것은 주후 50년대의 일이었다. 바울은 그가 가는 곳마다 교회를 세웠다. 그러나 아직 교회의 목회자들이 없었던 때라 교회에 문제가 생길 때마다 바울은 그들에게 신앙의 지침서가 될 편지를 써서 보냈다. 또한 이미 형성된 로마교회를 향해서는 바울의 서방선교에 협조를 구하기 위해 자신이 믿는 복음의 내용을 상세히 기록한 편지를 보내기도 했다. 이러한 편지들이 오늘날 신약성서에 수록된 바울 서신들이다.

바울의 신앙적 그리스도 중심의 복음

바울이 부활하신 그리스도를 만난 것은 주후 33년경이다. 그 후 그는 사막에서 명상생활을 한 뒤 예루살렘으로 올라가서 예수의 직제자인 베드로를 만나 그리스도 복음의 내용을 전해 받았다.

"내가 전해 받은 중요한 것을 여러분에게 전해 드렸습니다. 그것은 곧 그리스도께서 성경대로 우리의 죄를 위하여 죽으셨다는 것과 무덤에 묻히셨다는 것과 성경대로 사흘째 되는 날에 살아나셨다는 것과 게바(베드로)에게 나타나시고 다음에 열두 제자에게 나타나셨다고 하는 것입니다."(고전 15:3-5)

하나님께서는 유대 민족을 선택하시고 그들과 계약을 맺고 율법을 주셨다. 이 율법을 지킴으로써 하나님의 축복을 받는다. 그러나 율법 위반은 죄요, 죄는 사망을 낳는다. 그런데 유대인들은 율법을 지킬 수가 없었다. 이에 사랑이신 하나님께서는 그의 아들 그리스도로 하여금 인간의 죄를 대신 지고 죽게 하시고, 다시 부활케 하심으로써 그를 믿는 사람은 죄와 죽음에서 벗어나 새로운 존재가 되게 하셨다. 그러므로 그리스도의 십자가와 부활은 구약의 성취인 동시에 '새로운 계약' 곧 신약의 시작이다.(고전 11:25) 이제는 율법을 지키는 행위로써 사람이 의롭게 되는 것이 아니라 그리스도를 믿는 믿음만으로 의롭게 해주시는 것이다.(갈 2:16)

바울은 자신의 신앙에 대해 이렇게 말했다.

> "나는 그리스도와 함께 십자가에 못 박혔습니다. 이제 사는 것은 내가 아니라 그리스도께서 내 안에서 사시는 것입니다. 내가 지금 육신 안에서 사는 것은 나를 사랑하셔서, 나를 대신하여 자기 몸을 내주신 하나님의 아들을 믿는 믿음 안에서 사는 것입니다."(갈 2:20)

바울은 육신으로 오신 예수를 만나본 일이 없다. 다만 영체로 부활하신 그리스도를 만나고 믿고 받아들임으로써 새로운 존재가 된 것이다. 그러므로 그의 신앙의 중심에는 그리스도의 부활이 있었다.

"그리스도께서 다시 살아나시지 않았다면 우리의 가르침이 헛된 것이고, 여러분의 믿음도 헛된 것입니다."(고전 15:14)

2. 마가의 역사적 예수와 십자가 중심의 신학

시대적 요청

예루살렘에서 교회가 시작된 지도 두 세대 곧 40년이 지나갔다. 그리고 바울이 소아시아 지역(지금의 터키)에 선교하여 교회들이 설립된 지도 한 세대가 지나 70년대에 접어들게 되었다. 이 무렵에 교회 안에는 새로운 요청들이 일어났다. 그 중의 하나가 역사적 예수에 대한 지식이었다.

초대교회의 교인들에게는 부활하시고 승천하신 예수께서 머지않아 재림하시고 심판하심으로써 영생에 들어가리라는 종말론적 신앙이 강했다. 따라서 예수의 교훈이나 행적들을 적어서 후대에 전해야 되리라고는 생각하지 않았다. 또한 초기에는 예수님을 목격한 사람들이 살아 있었기 때문에 그들의 증언만으로도 충분했다. 구태여 문서로 적어둘 필요를 느끼지 못했다.

그러나 세월이 지나자 예수님을 직접 목격한 사람들이 죽어 없어졌다. 그리고 그들이 기대하던 종말이 지연되었다. 그뿐 아니라 교회의 신도들은 그들의 신앙적 근거인 역사적 예수의 교훈과 행적에 대해 알고 싶어했던 것이다. 그리하여 교회 안에서 나타나기 시작한 것이 예수님의 활동과 교훈을 적은 복음서들이다. 마가복음을 시작으로 마태복음과 누가복음이 주후 70년대에 형성되었다.

마가와 공관복음서

제일 먼저 기록된 복음서는 마가복음이다. 마가는 바울의 전도여행 때에 동행했던 청년이요, 후에는 로마로 간 베드로와 옥중에 있던 바울을 도와 일하는 등 사도들의 동역자였다. 따라서 마가는 베드로를 통해 예수의 행적과 교훈들을 자세히 들을 수 있었고, 바울에게서 예수가 그리스도라는 신학적 해석을 듣고 복음을 익히 알고 믿는 사람이었다. 그리하여 로마에 있던 마가는 시대적 요청에 따라 그가 아는 예수의 행적과 교훈을 모아 편집했다. 이것이 바로 마가복음서이다. 그때가 주후 65년에서 70년경이라고 생각된다. 그 후 그의 마가복음을 토대로 하고 더 많은 자료들을 수집하여 순서대로 편집한 것이 마태복음서와 누가복음서이다. 누가는 이 사실에 대해 이렇게 말했다.

"우리 가운데서 일어난 여러 가지 일에 대하여 차례대로 엮어 내려고, 손을 댄 사람이 많이 있었습니다. 그들은 그 모든 일을 처음부터 그 일의 목격자요, 말씀의 전파자가 된 이들이 우리에게 전해준 대로 엮어냈습니다. 나도 모든 것을 처음부터 정확하게 조사하여 보았음으로 차례대로 엮어 드리는 것이 좋겠다고 생각했습니다."(눅 1:1-3)

마태복음과 누가복음은 먼저 나온 마가복음을 토대로 각자가 수집한 자료들을 보충한 것으로 보인다. 따라서 큰 틀과 순서와 내용들에 공통점이 많은 관계로 이것을 같은 관점에서 보았다는 뜻에서 '공관복음서'라고 부른다.

마가의 역사적 예수와 십자가 중심의 복음

'예수'라는 이름은 '여호와는 구원이시다'를 뜻하는 히브리어 '여호수아'를 그리스어로 음역한 말이다. 따라서 예수가 오셨다는 것은 곧 여호와 하나님이 지배하시는 하나님의 나라가 왔다는 것을 뜻한다. 역사적 예수가 곧 구원의 복음인 것이다. 그러므로 예수께서는 이렇게 선포하셨다.

"때가 찼다. 하나님의 나라가 가까이 왔다. 회개하고 복음을 믿어라."(막 1:15)

마가가 전하는 예수상의 특징 몇 가지를 들어본다.

첫째, '하나님의 아들 예수 그리스도'가 있는 곳이 곧 하나님의 나라이다. 하나님이 함께 계시는 하늘나라는 사랑과 기쁨이 지배하는 혼인잔치와도 같다. 잔칫집에서 율법적인 금식을 하는 사람은 없다.(막 2:18-22) 율법이란 사람을 위해서 있는 것이지, 사람이 율법을 위해 있는 것은 아니다.(막 2:27, 28)

둘째, 예수께서 행하신 많은 일들이 육신의 병이나 정신병자들을 치유하신 기적들이다. 인간이란 영과 정신과 육신으로 구성된 하나의 인격이다. 그리스도의 구원 대상은 인간의 영적인 면만이 아니라 육신을 포함한 전인적인 인격이다. 육신이 생존하기 위해 중요한 것 중 하나가 음식이다. 예수께서는 굶주린 대중 5천 명 그리고 4천 명을 먹이시기도 했다.(막 6:35-44, 8:1-9)

셋째, 복음의 중심은 십자가의 대속과 부활에 의한 신천지의 전개에 있다. 예수께서는 자신의 수난과 부활에 대해 세 번이나 예고하셨다.(막 8:31, 9:31, 10:33-34) 특히, 제자들과의 마지막 만찬석상에서 자신이 십자가상에서 죽는 것의 의미를 해명하셨다. 예수께서는 포도주 잔을 돌리시면서 "이것은 많은 사람들을 위하여 흘리는 나의 피 곧 새 언약의 피다"(막 14:24)라고 하셨다.

마가는 예수께서 산상변모하신 사건(막 8장)을 정점으로 양분하여 후반부는 예루살렘에서 겪은 마지막 수난의 한 주간에 대해 집중적으로 기록하였다. 그리고 그가 강조한 것은 순교정신에 대한 그리스도의 교훈이었다.

"누구든지 나를 따라오려거든, 자기를 부인하고, 자기 십자가를 지고 나를 따라오라."(막 8:34)

마가복음이 서술되던 때는 네로 황제가 기독교를 박해한 64년 직후였고, 70년에는 로마군에 의해 예루살렘이 함락되고 파괴되던 때였다. 마가는 역사적 예수의 십자가 수난을 중심으로 부활의 복음을 이해했다.

3. 요한의 우주적 예수 그리스도와 성육신 중심의 신학

제3시대의 문화와 요한복음

주후 90년대의 서방은 로마제국이 지중해 연안 일대를 지배한 시대였고, 문화적으로는 그리스 문화가 지배한 헬레니즘 시대였다. 당시 통용어는 그리스어였기에 신약성서 역시 그리스어로 기록되었다. 50년대부터 바울을 중심으로 시작된 세계선교운동에 의해 각 도시에 교회들이 설립되었다. 이때는 교회의 중심지가 예루살렘이나 안디옥이 아니라 서방의 에베소와 로마로 옮겨갔다. 그리고 교인들의 대부분이 유대인이 아닌 이방인들이었다. 따라서 그리스도의 복음은 유대교의 전통에만 의존한 해석이 아니라 헬레니즘 문화 속에 사는 사람들이 이해할 수 있도록 재해석되지 않으면 안 되었다.

또 하나는 신학적 상황의 변화이다. 50년대에는 바울이 전개한 유대교를 배경으로 한 신앙적 그리스도의 복음만으로도 족했다. 그러나 70년대에는 마가를 중심으로 한 역사적 예수가 갖는 복음적 의미의 규명이 전개되었다. 그러나 또 한 세대가 지난 90년대에 들어서자 교회 안에는 신앙적 그리스도와 역사적 예수를 하나로 아우른 제3의 우주적 복음이해의 요청이 일어났던 것이다. 이에 응답하고 나선 것이 바로 요한이었고, 그의 복음서였다.

요한은 역사적 예수의 행적들을 기록하되 이것은 예수의 신학적 설교를 전개하기 위한 자료요, 징표였다. 말하자면 역사적 예수와 신앙적 그리스도 이해를 통합한 형태로 서술한 일종의 신학서이다. 한편, 요한은 당시 보편적이던 그리스 철학의 이성적 법 또는 도리를 뜻하는 '로고스' 개념을 도입했다. 로고스는 하나님의 천지창조를 담당한 그의 '말씀'이며, 이 로고스가 인간이 되어 오신 이가 곧 예수 그리스도라고 풀이했다. 이로써 그리스도의 복음은 한 민족종교의 사건이 아니라 세계 인류 전체의 구원의 도리임을 천명했던 것이다.

요한복음서의 저자에 대해 전통적으로는 12제자 중의 한 사람인 젊은 요한이라고 되어 있다. 곧 최후의 만찬 때에 "예수의 바로 옆에 앉아 있었고 예수의 사랑을 받던 제자"(요 13:23)요, 예수의 부활 소식을 듣고는 베드로와 함께 무덤으로 달려갔던 젊은 요한이다. "이 모든 일을 증언하고 또 이 사실을 기록한 사람이 바로 이 제자이다."(요 21:24) 그러나 최근에 와서는 사도 요한이 아닌 장로 요한이 썼다는 주장이 설득력을 얻고 있다.

요한의 제3우주와 제3신학

주후 90년대의 원로 요한은 바울과 마가의 신학세계에 통달하고 있었을 뿐만 아니라 유대교의 전통사상과 헬레니즘에도 정통한 교회의 지도자였다. 요한 문서에 나타난 신학은 이 원숙한 원로의 영적 통찰력에 의한 제3의 신학이다. 무엇보다 요한은 하나님의 통전적 우주를 내다볼 수 있는 영안이 열린 분이었다. 그리하여 그는 우주적 그리스도론을 제시했다. 천지를 창조하신 하나님의 말씀인 로고스가 인간이 되어 이 세상에 오심으로써 하나님의 영성우주와 그가 창조하신 시공우주가 하나로 통전된 제3우주의 창조를 내다보았다.

제3우주는 유대교의 율법의 세계를 넘어선다. 율법은 은혜의 영성우주로 인도하는 가정교사에 지나지 않는다.(갈 3:24) 그러나 제3우주는 하나님의 은총과 진리로써 충만한 새로운 세계이다. 율법은 모세를 통해 왔지만 은혜와 진리는 예수 그리스도로 말미암아 창조된 제3의 우주이다.(요 1:14, 17)

또 하나는, 그의 영원한 현재적 종말론이다. 요한의 복음 이해를 한 마디로 표현한 것이 3장 16절이다.

"하나님이 세상을 이처럼 사랑하사 독생자를 주셨으니, 누구든지 저를 믿는 사람은 멸망치 않고 영생을 얻으리라."(요 3:16)

영생이란 영원한 하나님의 생명이며, 영원은 시간을 포함하면서 초월한다. 따라서 영생은 미래에만 있는 것이 아니라 영원한 현재로써 존재한다. 이에 대한 예수님의 언명은 이렇다.

"나는 부활이요 생명이니 나를 믿는 사람은 죽어도 살겠고, 살아서 믿는 사람은 영원히 죽지 아니하리라."(요 11:25, 26)

요한은 우주적 로고스 예수의 성육신 사건을 중심으로 십자가의 대속과 부활의 영생복음을 전했다.

요한의 삼태극 복음

삼태극이란 하늘과 땅과 사람이라는 세 바탕〔天地人, 三才〕이 서로 상대방 안에 들어 있음으로써 하나를 이루고 있는 형상이다. 이러한 상호 내재는 상호작용을 통해 새로운 차원의 세계를 창출하는 역동적 구조이다. 이것을 입체적으로 그린다면 하나의 나선형이 될 것이다.

요한이 제시한 복음은 그리스도의 성육신과 십자가의 죽음과 부활로써 구성된 삼태극 구조이다. 이 세 사건이 서로 작용함으로써 새로운 존재 곧 복음적 실존으로서의 그리스도인을 창출한다. 십자가에서의 죽음과 부활을 앞둔 예수께서는 제자들에게 이렇게 말씀하셨다.

> "그 날에는 내가 아버지 안에 있고, 너희는 내 안에 있고, 나는 너희 안에 있는 것을 알게 되리라."(요 14:20)

그리스도인이 된다는 것은 그리스도의 복음을 매개로 하나님과 하나가 됨으로써 하나님의 자녀된 특권을 누리는 것이다.(요 1:12) 하나님의 자녀란 하나님의 형상대로 창조해주신 원형적 존재(창 1:27)를 뜻한다. 하나님의 형상에 대해 요한은 세 가지로 표현했다. 곧 "하나님은 영이시다."(요 4:24) "하나님은 빛이시다."(요일 1:5) "하나님은 사랑이시다."(요일 4:16)

하나님의 자녀가 된다는 것은 영적인 자유와 빛의 평화와 사랑의 기쁨으로 살아가는 존재가 된다는 뜻이다. 이것이 하나님의 자녀된 특권이다. 이러한 요한의 삼태극 복음을 그림으로 그려본다면 다음과 같이 될 것이다.

요한의 삼태극 복음

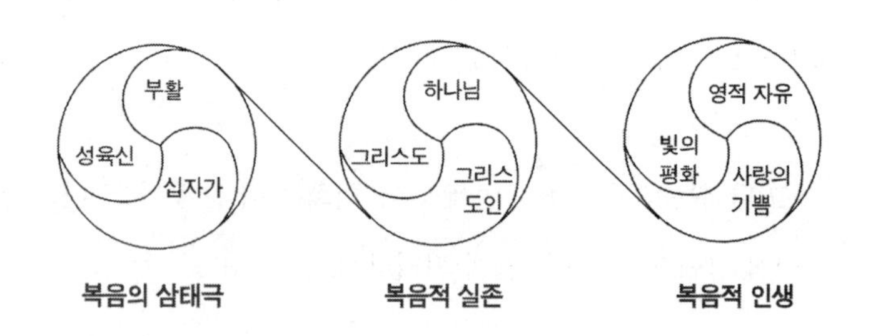

이 책은 요한의 삼태극 복음을 개관한 것이다. 전체적으로는 요한복음서의 흐름을 따르고 있다. 3장씩 나누어서 그 중심 주제를 해설하도록 구성했다. 이것은 극히 주관적이며 자의적인 분류에 지나지 않는다. 그러나 요한의 복음세계를 이해하는 데 도움이 되리라고 생각한다.

II

성육신의 복음과 제3우주

1. 로고스 예수와 제3우주(1장)

로고스와 우주 창조

"태초에 말씀이 계셨다. 그 말씀은 하나님과 함께 계셨다. 그 말씀은 하나님이셨다."(요 1:1)

'태초'란 우주와 함께 시간과 공간이 창조되기 이전의 영원한 때를 뜻한다. '말씀'이란 하나님의 말씀이며, 이것을 '로고스'라 했다. 로고스는 말씀, 이성, 법칙 등 포괄적 의미를 지닌 그리스어이다. 우리의 개념으로는 종교적 도(道)가 이에 포함될 것이다.

그러나 요한복음의 로고스는 이러한 형이상학적인 도리에 끝나는 것이 아니라 하나님과 함께 계신 인격적 존재를 뜻한다. 그리고 "그 말씀은 하나님이셨다." 곧 하나님과 로고스는 인격적으로는 두 분이시며, 신격적으로는 한 분이시다.

"모든 것은 그로 말미암아 생겨났으니, 그가 없이 창조된 것은 하나도 없다."(요 1:3)

"태초에 하나님께서 천지를 창조하셨다."(창 1:1) 이때에 하나님께서는 그의 말씀인 로고스를 통해 창조하셨다. 그가 없이 창조된 것은 하나도 없다. 이 로고스 안에 창조적 생명이 있는 것이며, 이것이 사람으로 하여금 사람 되게 하는 인생의 빛이다.(요 1:4) 하나님께서 인간을 창조하실 때에 불어넣어 주신 그의 입김이 바로 이 창조적 생명이었다.(창 2:7)

우주와 인생의 존재 근거인 하나님의 로고스를 규명해보려는 것이 모든 학문의 목표이다. 따라서 모든 학문은 넓은 의

미의 신학이다. 그중에서도 우리의 관심을 끄는 것이 생물학과 우주과학이다. 생명의 신비와 우주의 신비는 하나님의 창조와 섭리의 세계로 우리를 이끌어간다.

여기에서 잠시, 과학자들이 이해한 하나님의 우주 창조와 그 규모에 대해 엿보기로 한다. 우주의 창조는 약 137억 년 전에 일어난 대폭발(Big Bang)로 시작되었다. 소립자로 구성된 원자와 함께 시간과 공간이 창조된 것이다. 그리고 우주는 계속 창조되어가고 있다. 우주는 우리가 다 이해할 수 없는 신비에 싸여 있다.

우선, 그 광대무변한 4차원의 세계가 그러하다. 대우주 안에는 소우주라 할 수 있는 별들의 집단인 은하계들이 있다. 우리가 속해 있는 은하계는 그 넓이가 약 10만 광년이요, 두께가 2만 광년인 원반과 같이 생긴 것이며, 그 안에는 하나하나가 태양인 별들이 약 1,000억 개가 들어 있다. 그중의 하나를 돌고 있는 것이 바로 지구이다. 각 별과 별 사이의 평균 거리는 약 4.3광년이다. 여기서 광년이란 초당 30만 킬로미터, 곧 지구를 일곱 바퀴 반을 돌 수 있는 속도로 빛이 1년간 날아가는 거리를 말한다.

그런데 이 거대한 은하계는 고정된 상태에 있는 절대공간이 아니라 그 자체가 또한 회전하고 있는 4차원의 세계이다. 그뿐만 아니라 별들은 각기 수명이 있어 일정한 기한이 되면 팽창 폭발하여 사라지는 것이며, 한편으로는 새로운 별들이 탄생하게 된다. 우리가 지금 돌고 있는 태양도 앞으로 50억 년 뒤에는 사라질 것이며, 이것을 돌고 있는 지구 역시 그 운명을 같이하게 될 것이다. 소우주라 할 이러한 은하계 우주들이 대우주 안에는 또한 1,000억 개가 넘게 있을 것이라고 한다.

한편, 대우주는 계속 팽창해가고 있으며 100억 광년 거리에 있는 천체들은 광속으로 멀어져가고 있다. 따라서 그보다 더 먼 거리에 있는 우주로부터는 아무런 정보를 얻을 수 없다. 말하자면, 우주의 수평선이 있어 그 너머를 알 수는 없다. 우리가 보고 알 수 있는 우주는 전체의 4%에 불과하다고 한다. 그뿐 아니라 이러한 4차원 공간 안에는 삼차원 세계에서 말하는 중심이 따로 없다. 관측자가 서 있는 곳이 바로 중심이 될 뿐이다.

이러한 우주의 지평선과 중심설은 우리의 존재와 진리 인식의 한계를 시사해주고 있다. 우리는 자신들이 우주의 중심이며 우주와 그 창조주를 다 안다고 믿는다. 그러나 우리는 이 우주와 함께 이것을 창조하신 하나님의 일부를 알고 믿고 살아가고 있을 뿐 결코 그를 다 안다고 자만해서는 안 될 것이다.

우주와 인간의 존재 이유

우주는 우연히 생긴 고정된 대상이 아니라 하나님께서 창조하시는 일종의 유기체이다. 창조는 창조자의 뜻을 형상화하는 과정이며, 창조물은 창조자의 의도를 실현한 작품이다. 우주는 하나님의 뜻을 형상화한 작품이다. 그러므로 우주는 그저 거기에 있는 것이 아니라 창조주 하나님의 뜻을 드러내기 위한 존재이다.

하나님의 우주 창조와 그의 의도를 집약적으로 표현하고 있는 것이 바로 창세기의 첫 장이다. 엿새에 걸쳐 우주와 인간을 창조하신 하나님께서 제일 먼저 만드신 것은 빛이었다.(창 1:3f) 여기에 이미 우주 창조의 목적이 드러나 있다. 모든 피조물은 이 빛 안에 있게 된다. 심지어 태양이나 별들도 이 빛 안에 있게 된다.

그렇다면 하나님께서 제일 먼저 창조하신 빛은 과연 무엇일까? 빛은 대상물과 융합하여 아름다움을 창출해낸다. 보석의 아름다움은 돌과 빛의 공동작품이다. 아름다움은 또한 이것을 보고 감지하는 주체가 있어 비로소 가치가 된다. 그리고 그 아름다움을 보게 하는 것이 또한 빛이다. 어두움 속에는 아름다움이 없다. 이것은 시각적인 미(美)만을 말하는 것이 아니다. 음악의 아름다움을 알기 위해서는 귀가 밝아야 하고, 행위의 아름다움을 알기 위해서는 마음이 밝아야 한다. 하나님의 우주와 생명의 아름다움을 알기 위해서는 영적인 눈 곧 영안이 밝아야 한다. 이와 같이 우리의 눈을 밝게 하는 것이 하나님의 첫 창조인 빛이다.

'아름다움'이란 '알다움'이다. '알'이란 속 알이며, '다움'이란 여실(如實) 곧 속 알과 같다는 뜻이다. 곧 '알'이란 하나님의 뜻이며, 그 뜻을 형상화한 것이 우주와 인간이다. 예술이 미적 이념의 형상화 작업이라고 한다면 하나님의 우주 창조는 예술이다. 하나님께서는 마지막 날 자기의 형상대로 인간을 창조하신 후에 그가 창조하신 모든 것을 보시니 "보시기에 매우 좋았다" 곧 "아름답다"고 하셨다.(창 1:31)

하나님의 우주 창조의 목적은 그가 뜻하신 아름다움을 형상화하는 데 있다. 따라서 우주와 그 중심인 인간의 존재 이유는 하나님의 아름다움을 드러내는 데 있다. 하나님은 영이시다.(요 4:24) 하나님은 빛이시다.(요일 1:5) 하나님은 사랑이시다.(요일 4:16) 하나님의 아름다움이란 곧 영적인 자유와 빛의 평화 그리고 사랑의 기쁨으로 구성된 인격적 하나님 나라의 실현을 뜻한다. 그리고 그 주역을 담당해야 하는 존재가 곧 "하나님의 형상대로 창조된" 인간이다.(창 1:27) 인간이란 하나님의 피조물인 동시에 하나님의 형상을 가진 창조적 예술가이며, 인생은 예술이다.

성육신과 제3우주의 복음

"말씀이 육신이 되어 우리 가운데 사셨다. 우리는 그의 영광을 보았다. 그것은 아버지의 독생자의 영광이며, 그 안에는 은혜와 진리가 충만하였다."(요 1:14)

하나님과 로고스의 영원한 영성우주를 5차원의 초월적 제1의 우주라고 한다면, 하나님께서 로고스를 통해 창조하신 4

차원의 시공우주는 제2의 우주가 된다. 그런데 이제 하나님께서는 또 하나의 새로운 우주를 창조하셨다. 그것은 하나님의 말씀인 로고스가 시공우주의 중심인 인간이 되어 오심으로써 창조된 제3의 우주이다.

하나님의 우주 창조는 신비의 기적이다. 그런데 하나님께서는 제2의 창조라는 또 하나의 기적을 감행하신 것이다. 그것은 자신의 말씀인 로고스로 하여금 그가 창조하신 인간이 되어 이 세상에 오게 하신 일이다. 우리의 표현으로 말하면 도(道)가 사람이 되어 오신 사건이요〔道成人身〕, 신학계에서는 이것을 성육신(成肉身)이라고 한다. 이것이 곧 역사적 예수 그리스도의 탄생이다.

로고스 예수의 탄생으로 말미암아 창조된 우주는 영성우주와 시공우주가 하나가 된 6차원의 제3우주이다. 영원과 시간이 하나가 된 것이고, 영과 육이 하나가 된 것이며, 거룩과 세속이 하나가 된 세계이다. 이것을 그림으로 표현한다면, 영성우주를 뜻하는 원의 반지름과 시공우주를 뜻하는 원의 반지름이 하나로 겹친 물고기 모양의 형상이 된다.

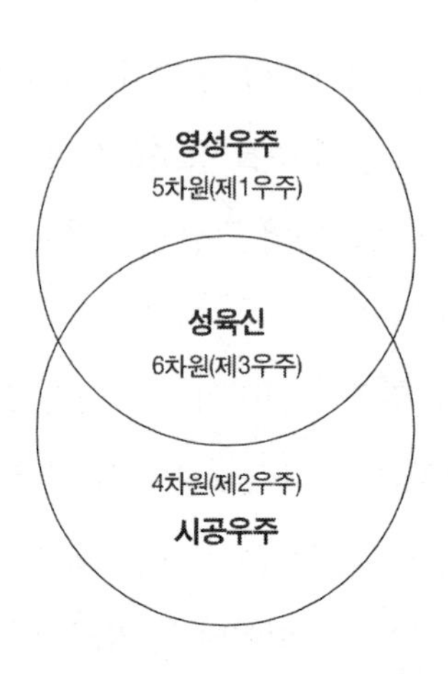

여기에서 하나가 된다는 것은 구별이 없어진다는 말이 아니라 둘이면서 하나요, 하나이면서 둘이라는 뜻이다. 달리 말하면, 대립적인 둘이 서로 즉(卽)해서 있다는 말이다. 역사적 예수가 곧 영원한 하나님의 말씀이다. 예수를 떠난 로고스가 없고 또한 로고스를 떠난 예수는 없다. 시간 안에 영원이 있는 것이며, 영원 안에 시간이 있는 것과 같다. 그렇기 때문에 2천 년 전 유대에서 일어난 그리스도 사건이 오늘 우리 안에서도 일어날 수 있는 것이다.

그리스도를 모심으로써 제3우주 안에 사는 그리스도인은

지금 여기에서 영원을 사는 것이고, 일상생활 속에서 거룩한 삶을 사는 것이며, 육적인 보이는 삶 속에서 영적인 초월의 세계를 사는 것이다. 달리 말하면, 이 세상에서 이미 하나님이 함께 계신 임마누엘의 신천지에서 사는 것이다. 이것이 6차원의 제3우주 곧 복음우주이다.

그러므로 제3우주에는 하나님의 '은혜와 진리'가 차고 넘친다고 했다. 은혜란 하나님의 자비와 사랑이며, 진리란 구원의 진리요, 하나님의 창조 목적인 아름다움의 실현을 뜻한다. '진리'라는 그리스어에는 '가려짐이 없다'는 뜻이 들어 있어 이것을 '알다움〔如實〕' 곧 '아름다움'으로 이해할 수 있다. 그리스도의 오심과 제3우주의 창조는 하나님께서 우리에게 베푸신 사랑의 선물이요, 복된 소식 곧 복음이다.

> "율법은 모세를 통해 받은 것이고, 은혜와 진리는 예수 그리스도를 통해 창조된 것이다."(요 1:17)

하나님께서 유대 민족과 맺은 옛 계약은 율법적인 것이었다. 모세를 통해 주신 계명을 지키면 하나님의 축복을 받을 것이고, 그렇지 못하면 심판을 받고 징계를 받는다. 권선징악의 일반원리를 통해 그 민족을 교육해오셨다. 율법이란 그리스도의 복음에 이르게 하는 가정교사이다.(갈 3:24)

그러나 하나님께서는 그의 우주 창조의 새로운 섭리의 때(카이로스)가 이르자 그의 말씀인 로고스로 하여금 인간이 되어 이 세상에 오게 하심으로써 제3의 우주를 창조하셨다. 이로써 율법적 유대 민족만의 구약의 시대는 지나가고, 우주적 복음의 새 시대가 전개되었다. 이제는 누구든지 로고스-예수를 믿고 받아들이면 하나님의 자녀된 특권을 누리며 자유와 평화와 사랑의 기쁨 속에 영생을 누릴 수 있게 되었다.(요 1:12, 3;16)

이러한 율법의 세계와 복음의 세계를 그림으로 표현해본다면, 다음과 같이 될 것이다.

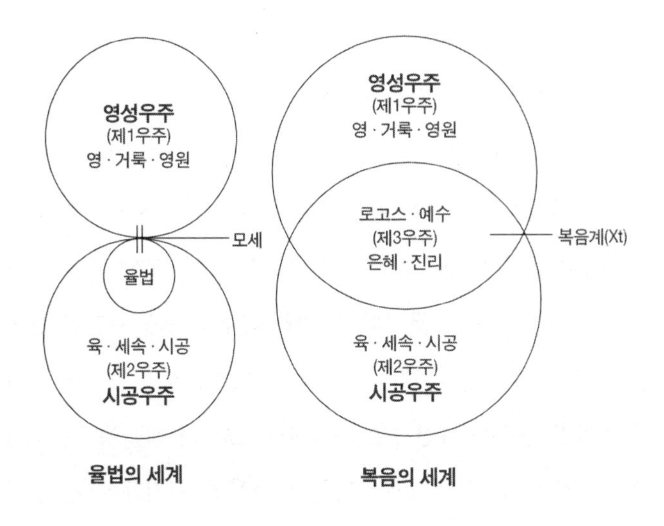

2. 에덴의 회복과 신천지(2장)

임마누엘과 혼인잔치

영이신 하나님의 말씀이 인간이 되어 오신 이가 우리의 구세주 곧 예수 그리스도이시다. 그로 인해 영의 세계와 육의 세계가 하나가 되었고, 영원과 시간이 하나가 되었으며, 거룩과 세속이 하나가 된 것이다. 이것이 그리스도의 탄생으로 인해 창조된 제3의 우주이다.

제3우주는 '복음적 우주'이다. 복음이란 로고스의 성육신과 그의 십자가와 부활로 구성된 그리스도 사건이다. 영원과 시간이 하나가 된 제3우주 안에서는 과거와 현재와 미래로 흘러가는 직선적 시간이 따로 없다. 다만, 모든 사건이 일어나는 영원한 현재가 있을 뿐이다. 따라서 복음의 3대 사건인 성육신과 십자가와 부활은 역사적 전후의 흐름관계인 동시에 하나의 영원한 현재적 사건으로 존재한다. 그렇기 때문에 2,000년 전 유대에서 일어난 그리스도의 복음사건이 지금 여기 우리 안에서도 일어날 수 있다.

이것을 그림으로 표현한다면 시간(직선)과 영원(원)이 만난 한 점에서 일어난 삼태극적 사건이 될 것이다.

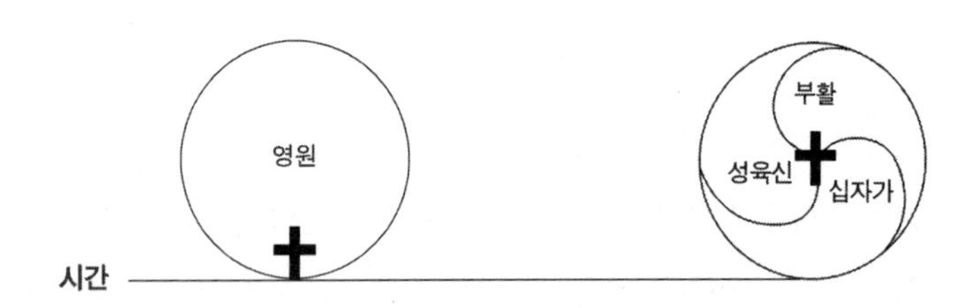

세례 요한은 예수께서 오시는 것을 보고, "세상의 죄를 지고 가는 어린양을 보라"고 했다.(요 1:29) 예수는 이미 이사야가 보았던 "고난의 종"이었고(사 53장), 앞으로 마리아가 보게 될 십자가상의 예수였다. 세상의 죄를 없이한 고난의 종은 '제3일'에 부활하셨다. 이로 인해 '제3우주'는 이제 죄와 죽음으로부터 해방된 부활의 세계가 된 것이다. 그리고 그 부활의 세계는 혼인잔치로써 상징되는 사랑과 기쁨의 새로운 세계이다.

로고스-예수의 공생애는 이 혼인잔치에 참석하는 것으로 시작되었다.

> "사흘째 되는 날에 갈릴리 가나안에서 혼인잔치가 있었다. 예수의 어머니가 거기에 있었고, 예수와 그의 제자들도 그 잔치에 초대받아 있었다."(요 2:1, 2)

성서는 예수를 불러 임마누엘이라 했다. "임마누엘은 하나님께서 우리와 함께 계시다는 뜻이다."(마 1:23) 예수가 계신 곳이 곧 하나님이 함께 계신 하나님의 나라요, 낙원이다. 이것이 제3우주이다.

하나님께서는 아담과 하와를 창조하시고, 그들로 하여금 에덴동산에 살게 하셨다. '에덴'이란 기쁨과 즐거움이라는 뜻이다. 에덴동산은 하나님께서 소요유(逍遙遊)하시는 소림원(素林園)이다. 예수께서 행차하신 첫 행사장은 시골 갈릴리 가나에서 있었던 혼인잔치였다. 예수님의 참석은 곧 하나님이 함께 계심을 뜻한다. 이것은 곧 하나님이 함께 계시던 에덴의 회복이요, 아담과 하와의 인간 회복을 의미한다.

포도주의 기적

잔치의 즐거움과 행복을 흥으로 이끄는 것이 포도주이다. 그런데 이 잔치에는 포도주가 바닥나서 흥이 깨지게 되었다. 이에 예수께서 행하신 첫 기적이 물로써 포도주를 만든 일이다. 뜰에 있는 항아리 여섯 개에 물을 가득 채우게 하신 다음, 그 물들이 가장 맛있는 포도주가 되게 하셨다.

여기에서 우리는 그 포도주가 지닌 두 가지 내용을 읽을 수 있다. 하나는 그리스도의 대속과 생명의 피로서의 포도주이다. 예수께서 최후의 만찬석상에서 제자들에게 포도주 잔을 돌리면서 "이것은 나의 피다. 죄 사함을 얻게 하려고 많은 사람을 위하여 흘리는 나의 피 곧 언약의 피다"라고 하셨다.(마 26:28) 이것을 기념하여 교회에서 행하는 성찬식에서 포도주를 마신다. 이 포도주를 마심으로써 우리 안에 그리스도의 생명의 피를 지니고 사는 새로운 존재가 되는 것이다.

또 하나는 민중에게 비친 인간 예수상이다. 그는 금욕적인 경건을 추구하는 종교적 사제가 아니었다. "보아라, 저 사람은 먹기를 탐하는 자요, 포도주를 즐기는 자요, 세리와 죄인의 친구다"라고 했다.(마 11:19) 그리스 신화의 개념을 빌린다면, 로고스 예수는 이성과 질서와 균형으로 상징되는 아폴론적이기보다는 디오니소스적이다. 포도주의 신인 디오니소스는 술과 춤으로 상징되는 창조적 자유와 사랑의 기쁨이 지배하는 인격이다.

예수께서는 뜰에 있는 6개의 항아리에 물을 가득 채우라고 하신다. 우리는 모두 각기 6일이라는 빈 항아리들을 받아가지고 살아가고 있다. 그러나 각자가 항아리에 채우는 물의 분량은 제각기 다르다. 주어진 날들을 얼마만큼 채우고 사느냐 하는 것은 사람마다 다르다. 그리고 각자는 자기가 채운만큼의 물에 해당하는 포도주를 얻을 수 있게 된다.

하나님께서는 우리에게 충만한 삶을 요구하신다. 말씀이 육신이 되어 오신 그리스도 안에는 "은혜와 진리가 충만하였다." 그러므로 그리스도의 문을 드나드는 양들은 "생명을 얻고 더 얻어 풍성하게" 살 것이다.(요 10:10)

소림원의 성전

에덴에는 하나님을 모셔야 할 신전이 따로 없다. 하나님께서 소요유하시는 자연의 숲, 그가 창조하신 소림 자체가 성전인 것이다. 46년이나 걸려 인간이 지은 예루살렘의 성전은 에덴에서 추방된 인간들이 신을 모시기 위해 따로 지은 신궁이다. 그리고 이제 와서는 직업적인 종교인들이 모여 장사하고 정치하는 장소로 변해버렸다. 예수께서 혁명의 채찍을 들었던 첫 사건은 바로 이 타락한 종교들의 개혁이었다.

"이것들을 거둬 치우라. 내 아버지의 집을 장사하는 집으로 만들지 말라."(요 2:16)

이러한 전당들은 헐어버리라고 했다. 무엇보다도 로고스-

예수의 임재로 말미암아 회복된 에덴으로서의 제3우주에서 살게 된 오늘날, 낙원에서 추방된 사람들이 지은 모든 종교적 신전은 헐어버려야 하는 우상들이다. 사람들이 이에 항변하자 예수께서는 "이 성전을 헐라. 그리하면 사흘 안에 내가 다시 세우겠다"고 하셨다. 이 성전은 부활하신 그리스도의 영적인 몸을 뜻하는 것이며, 제자들은 예수께서 3일 만에 죽음으로부터 부활하신 후에야 이 말씀의 뜻을 깨달았다고 했다.(요 2:19-21)

새로운 성전이란 영체로 부활하신 그리스도의 몸된 교회를 뜻한다. 교회는 그리스도인들의 예배공동체이며, 사랑의 봉사공동체이며, 또한 복음을 전하는 선교공동체이다. 교회는 건물이 아니며, 장사꾼들의 기업체가 아니며, 또한 정치꾼들의 권력 쟁탈장이 아니다.

3. 복음과 풍류인생(3장)

제3우주로의 길

제3우주는 하나님이 함께 계신 하나님의 나라이다. 이것은 로고스가 인간이 되어 오신 예수 그리스도로 말미암아 실현된 에덴동산의 회복이다. 사람들은 이 에덴에서 살기를 갈망한다.

니고데모는 율법적으로 흠이 없는 바리새인의 한 사람이요, 사회적으로는 민족지도자인 의회 의원의 한 사람이었다. 그는 세상적인 부귀공명을 다 누린 사람이었다. 그러나 그가 바라는 것은 하나님이 소요유하시는 에덴 곧 하나님의 나라에서 사는 것이었다. 그리하여 그는 밤중에 그 비결을 얻기 위해 그리스도를 찾아갔다.

예수님의 해답은 간단명료했다.

> "누구든지 새롭게 거듭나지 아니하면 하나님의 나라를 볼 수 없다."(요 3:3)
>
> "육으로 난 것은 육이요, 영으로 난 것은 영이다."(요 3:6)

영적으로 새로 태어나지 아니하고는 하나님의 나라로 들어가는 것은 고사하고, 하늘나라를 보지도 못하다는 말이다. 인간은 육신과 심성으로 구성되어 있다. 흙으로 만든 육신은 흙으로 돌아갈 운명을 지닌 몸이다. 심성은 생명체로서의 감각기능을 하는 감성과 인식과 판단 그리고 자의식을 갖게 하는 이성과 하나님의 영적인 세계와 소통하는 영성으로 구성되어 있다.

육으로 태어난 자연인은 감성과 이성의 지배하에 있다. 그 특성은 자기와 이 세상에 대한 집착으로 구성된 자기중심주의의 노예가 되어 있다는 점이다. 그렇기 때문에 자연인은 자기와 이 세상만을 볼 뿐 이것을 넘어선 영의 세계를 내다볼 수 없다. 그러므로 하나님의 나라를 보기 위해서는 이러한 자기를 극복하고 영성으로 들어가지 않으면 안 된다. 이것이 영적으로 거듭난다는 말의 일차적인 뜻이다.

사람이 자신과 이 세상에 집착한 '나'를 극복하고 영적으로 거듭나야 한다는 것은 모든 보편 종교들에게 공통된 핵심 도리이기도 하다. 불교는 무아(無我)와 일심 곧 불심으로 돌아가기를 가르친다〔歸一心源〕. 유교는 자기를 극복하고 천성으로 돌아가기를 가르친다〔克己復禮〕.

그런데 여기에 어려움이 있다. 사람이 과연 자기의 힘으로 자기의 사욕을 극복할 수 있는가 하는 것이 문제이다. 이것은 원리적으로 가능한 것이며, 선택된 소수의 수도자들에게는 가능할 것이다. 그러나 범인들에게는 낙타가 바늘구멍을 통과하기만큼이나 어려운 일이다. 종교는 결코 특정한 사람들만을 위한 것일 수는 없다.

자력에 의한 거듭남 곧 자기부정과 신생의 어려움에 대해 니고데모는 이렇게 대답하고 있다.

> "다 자란 사람이 어떻게 다시 태어날 수 있겠습니까? 다시 어머니 뱃속에 들어갔다가 날 수는 없지 않습니까?"(요 3:4)

이러한 불가능을 가능케 하신 이가 하나님이시다. 그는 그리스도를 통해 그 가능한 길을 열어주셨다. 그것이 십자가와 부활로 나타난 복음이다.

거듭나게 하는 복음

400년간 애굽에서 노예생활을 하던 이스라엘 사람들은 자력으로 자신들을 해방시킬 수가 없었다. 그러나 이것을 불쌍히 보신 하나님은 모세를 시켜 그들을 해방하셨다.

이것은 우리의 경우에도 마찬가지였다. 40년간 일본에게 주권을 빼앗기고 그들의 식민지 백성으로 전락한 한인들은 애국지사들의 많은 노력에도 불구하고 우리를 해방시킬 수는 없었다. 그러나 이것을 측은히 여기신 하나님은 제2차 세계대전을 계기로 연합군을 통해 8 · 15해방을 가져다주신 것이다.

하나님께서는 인간에게 주체적으로 자신의 존재 양식을 결정할 수 있는 인격적 자유를 주셨다. 그런데 인간은 자신의 존재 근거인 창조주 하나님을 져버리고, 자신이 존재의 주인이 되려고 함으로써, 오히려 자기 자신의 노예가 되고 말았다. 존재의 근원을 떠난 인간은 나무를 떠난 가지와도 같다. 인간은 결국 죽음을 행한 존재가 되고 만다.

이 사실을 깨달은 동서의 성현들은 인간을 죽음으로부터 해방시키기 위해 노력해왔다. 그러나 인간에게는 자력으로 자기 자신을 해방시킬 능력이 없다. 이것을 측은히 여기신 하나님은 드디어 예수 그리스도를 통해 인류를 사망으로부터 해방하신 것이다. 이것이 곧 그리스도의 복음이다.

그리스도의 복음은 하나님의 말씀이 육신이 되어 오신 예수님이 십자가에서 우리를 대신해 죽으시고 부활하신 것으로 구성되어 있다. 이로 인해 그리스도를 매개로 하나님과 인간이 하나가 된 것이다.(요 14:20) 우리는 이제 이 복음을 믿고 받아들이기만 하면 "하나님의 자녀된 특권"을 누리게 된다.(요 1:12) 곧 하나님의 생명을 지닌 자로서 자유와 평화와 사랑의 기쁨을 누리며 살게 되는 것이다.

그리스도의 복음을 믿고 받아들이는 일에 대해 예수께서는 이렇게 말씀하신다.

> "물과 성령으로 거듭나지 아니하면, 아무도 하나님 나라에 들어갈 수 없다."(요 3:5)

물과 성령으로 거듭난다는 것은 세례를 뜻한다. 세례란 십자가와 부활의 복음 신앙을 형상화한 행위예술이다. 예술이란 형상으로서의 전경과 그 내용으로서의 후경의 결합체이다. 예술에서 전경과 후경은 불가분리의 실존이 된다.

세례식은 복음에 동참하는 행위예술이다. 물은 세상적인 것이요, 성령은 하나님의 능력이다. 물로써 베푸는 세례식을 통해 성령께서 사람들로 하여금 거듭나게 하신다. 곧 그리스도의 십자가와 함께 옛 사람은 죽고 그리스도와 함께 새로운 존재로 부활하는 것이다. 이것은 상징이 아니라 실존적인 현실이다. 우리는 눈에 보이는 세례식을 통해 그리스도의 구원 사건에 동참함으로써 그와 하나가 된다. 이것을 가능하게 하는 이가 하나님의 능력이신 성령이시다.

세례에 대한 바울의 이해는 이러했다.

"그리스도 예수와 연합하는 세례를 받은 우리는 모두 그분의 죽으심과 연합하는 세례를 받았다는 것을 알지 못합니까? 우리는 세례를 받고 그분과 함께 묻혔습니다. 이것은 그리스도께서 아버지의 영광스러운 능력으로 죽음으로부터 부활하신 것처럼 우리도 새 생명을 얻어 살아가게 하려는 것입니다. 우리는 그리스도와 같이 죽어서 그분과 하나가 되었음으로 그리스도와 같이 다시 살아나서 그분과 하나가 될 것입니다." (롬 6:3-5)

세례식은 신앙 결단식이다. 그리스도를 믿고 받아들인다는 것은 그의 십자가와 부활에 내가 동참하게 된다는 뜻이다.

그의 십자가에 동참함으로써 '나'와 이 세상에 대하여는 죽는 것이며, 그와 함께 부활함으로써 새로운 존재가 되는 것이다. 곧 믿음으로 그리스도와 내가 하나가 되는 것이다. 그러므로 이제 내가 사는 것은 육에 속한 옛 내가 아니라 부활하신 영적 그리스도가 내 안에 계셔서 사시는 것이다.(갈 2:20)

믿음의 결단은 나의 주체적 행위에 속한다. 그러나 실은 이것마저도 우리 자신의 지혜나 의지에 의한 것이 아니라 하나님의 능력이신 성령의 감동이 없이는 불가능하다는 것이 바울의 이해이다.(고전 12:3) 우리가 그리스도를 믿음으로써 죽음으로부터 해방되는 구원은 전적으로 하나님의 사랑에 힘입는 것이다. 우리에게는 그저 아버지 되신 하나님의 사랑에 의존하려는 최소한의 용기만이 요구된다.

"육으로 난 것은 육이요, 영으로 난 것은 영이다."(요 3:6)

육체로 태어난 자연인의 인격을 지배하는 것은 감성과 이성이다. 그 특성은 자기와 이 세상 가치에 대한 집착이다. 이것이 '육의 사람'이다.

그러나 그리스도의 복음 원리로 인해 거듭난 사람의 인격을 지배하는 것은 영성이다. 영성은 하나님의 뜻을 헤아리게 하고, 이에 순종하게 한다. 이러한 영성에 지배된 인격이 곧 '영의 사람'이다.

그리스도의 복음에 동참함으로써 거듭난 사람은 이미 하나님 나라의 백성이다. 하늘나라와 영생은 미래에만 있는 것이 아니라 지금 여기에서 이미 시작되는 것이다.

예수님의 말씀이다.

> "내가 진정으로 너희에게 말한다. 나의 말을 듣고 나를 보내신 분을 믿는 사람은 영원한 생명을 얻을 것이다. 그 사람은 심판을 받지 아니하고, 죽음의 세계에서 벗어나 '이미' 생명의 세계로 옮겨진 것이다."(요 5:24)

성령으로 난 사람의 풍류

성령으로 거듭난 사람은 제3우주 곧 하나님의 나라에 들어간다. 하나님의 자녀된 특권을 누리며 살아가는 것이다. 그들은 마치 바람이 흐르듯〔風流〕 산다는 것이 예수님의 말씀이다.

영을 뜻하는 그리스어 '푸뉴마'는 또한 바람을 뜻하기도 한다. 성령으로 거듭난 사람이란 말하자면 바람이 흐르듯 사는 풍류객이다. 흐르는 바람, 풍류에 대하여 예수께서는 세 가지 특성을 들어 설명하신다.

첫째는 자유의지이다. "바람은 불고 싶은 대로 분다." 천지를 지으신 하나님의 자녀된 특성은 우리가 "하나님의 자녀들의 영광된 자유"(롬 8:21)의 소유자라는 데 있다. 예수님의 말씀을 듣고 복음의 진리를 안다면 그 진리가 우리를 자유하게 할 것이다.(요 8:32) 실로 그리스도는 우리에게 자유를 얻게 하기 위하여 우리를 해방하여주신 것이다.(갈 5:1) 자유는 첫째, 모든 속박으로부터의 해방을 의미한다. 사회 · 정치적으로는 노예상태로부터의 해방이다. 이집트로부터의 이스라엘의 해방이 그것이요, 일본제국으로부터의 한민족의 해방이 그것이다. 그러나 그리스도를 통한 하나님의 인간 해방의 근본은 죄와 죽음으로부터의 해방이다. 죄와 죽음이란 생명이신 하나님과의 단절을 의미한다. 그러므로 그리스도 안에서 하나님의 자녀가 된 새로운 존재로서의 우리에게는 죄와 죽음이 없다. 하나님의 자녀된 우리는 자유의지에 따라 자유로이 행동할 수 있다. 바람은 불고 싶은 방향으로 불어댄다. 그러나 이것은 결코 무질서한 방종을 뜻하는 것은 아니다. 그리스도인의 마음은 육에 속한 것이 아니라 내 안에 계신 그리스도에게 속한 것이다.(갈 2:20) 그리스도는 곧 하나님의 사랑의 화신이다. 그러므로 그리스도인의 자유란 창조적 사랑의 행위를 뜻한다.

둘째는 영원한 생명이다. 우리는 바람소리를 듣지만 그 바람이 "어디에서 와서 어디로 가는지를 모른다." 바람은 무시무종(無始無終)한 존재이다. 하나님의 자녀가 되었다는 것은 하나님의 영원한 생명을 지니고 살게 되었다는 말이다. 영원에는 시작과 끝이 따로 없다. 직선으로 상징되는 시간에는 시작과 끝이 있고, 출발점과 도달점이 있다. 그러나 동그라미 원으로 상징되는 영원에는 시작과 끝이 없고, 따라서 오고가는 것이 없다. 영원한 생명을 지닌 그리스도인은 하나님과 함께 영원한 존재가 된 것이다. 영적으로 거듭난 사람은 영생을 지녔기 때문에 "어디서 와서 어디로 가는지를 모른다." 그리스도인에게는 영원과 시간이 하나요, 삶과 죽음 사이에 담이 없다.

일체 무애인이야말로 생사를 벗어난 영생자이다(一切無碍人 一途出生死).

셋째는 소리의 창조이다. 바람은 대상과의 만남을 통해 소리를 낸다. 소리는 바람과 피리 사이의 상관관계를 통해 창조되는 것이다. 바람은 하나지만 피리 따라 구멍 따라 다른 소리를 낸다. 성령은 바람이요, 우리는 피리이다. 성령으로 거듭난 우리는 성령께서 자유로이 연주하시는 피리이다. 피리의 종류가 다양하듯 우리 각자의 은사는 다양하다. 퉁소가 있는가 하면 대금이 있다. 피콜로가 있는가 하면 플루트가 있고, 트럼펫이 있는가 하면 트롬본이 있다. 각자는 은사를 받은 대로 자기 소리를 내야 한다. 그리하여 다른 악기들과 화음을 이루어 가야 한다. 인생과 성령의 역사는 하나님을 찬양하는 하나의 우주적 교향악의 전개이다.

우리는 성령께서 연주하시는 피리이다. 피리가 소리를 내기 위해서는 속이 비어 있어야만 한다. 사욕으로 속이 가득 차 있는 한 피리는 소리를 낼 수 없다. 인생은 한 곡조의 피리소리이다. 각자는 성령의 역사에 힘입어 자신의 곡조를 연주해야 할 책임을 진 존재이다. 그리하여 하나님의 우주적 교향악의 일원이 되어 하나님의 은총을 찬양하도록 부르심을 받은 존재들이다.

인생은 창조주 하나님을 찬양하는 노래이다. 매일 매일의 새로운 삶은 새로운 노래가 되어야 한다.

"새 노래로 주님을 찬양하라.
아름다운 소리로 즐겁게 연주하여라."(시 33:3)

III

그리스도와 생명

1. 야곱의 우물과 그리스도(4장)

사마리아와 야곱의 우물

사울이 건립한 이스라엘 왕국은 다윗과 솔로몬에 이르기까지 약 100년간 지속되어오다가 주전 922년에 남북으로 분단되었다. 북쪽은 그대로 이스라엘 왕국이라 하고, 사마리아에 수도를 건설했다. 남쪽은 유대 왕국이라 하고, 예루살렘을 수도로 정했다. 북이스라엘 왕국은 약 200년을 유지하다가 주전 721년에 앗시리아에 의해 멸망했다.

그로부터 사마리아 지방에는 앗시리아인들이 이주해 들어

오면서 그들이 섬기던 이방신들이 함께 유입되었다. 따라서 사마리아인들은 민족적으로 혼합되었을 뿐만 아니라 종교적으로도 혼합된 이교도로 변해버렸다.

유일신 신앙을 생명으로 하고 있는 유대인들로서는 사마리아인들의 신앙 양상을 용납할 수 없었다. 유대인들에게는 '사마리아인'이란 이교도이자 이방인임을 뜻했다. 그리하여 그들은 사마리아인을 멸시할 뿐만 아니라 상종하지도 아니하고, 심지어는 사마리아 지역을 통과하는 것조차 기피했다.

그러나 예수님의 눈에는 모든 사람들이 같았다. 인간은 누구나 불완전한 존재인 동시에 하나님의 사랑의 대상이었기 때문이다. 그는 제자들과 함께 사마리아를 통과하던 중, 한 우물가에 앉아 쉬고 있었다. 그때에 물을 길러 나온 사마리아 여인에게 마실 물을 달라고 청하신 것이다. 음식을 나눈다는 것은 친교 이상의 뜻이 있다. 최후의 만찬에서 보듯 운명을 함께하는 뜻이 들어 있다.

그 우물은 야곱의 우물이라 했다. 사마리아인들은 조상 대대로 이 우물물을 마시고 살아왔다. 야곱의 우물이란 하나님과 이스라엘 사이에 맺은 율법적 계약을 뜻한다. 그들이 비록 이방신을 함께 섬겨야 하는 비운의 역사 속에 살아왔지만 그들의 삶의 기저에는 모세의 율법이 깔려 있었다. 모세 5경은 그대로 그들의 경전이었다.

율법은 인간적인 삶의 도리를 적은 하나님의 계명이다. 이로써 선과 악을 판단하며 살아간다. 사람이 율법 없이 살아갈 수는 없다. 그것은 매일 마셔야만 사는 우물물과도 같다. 그러나 우물물을 마시는 사람은 다시 목마르게 된다. 율법 자체는 선과 악을 판단하게 할 뿐, 그 안에 영생을 주는 구원의 능력이 있는 것이 아니다. 구원은 선 · 악을 넘어선 하나님의 사랑으로부터 오는 것이다. 예수가 바로 그 하나님의 사랑이었다.

> "이 우물물을 마시는 사람은 다시 목마르게 될 것이다. 그러나 내가 주는 물을 마시는 사람은 영원히 목마르지 않을 것이다. 내가 주는 물은 그 사람 속에서 샘물처럼 솟아올라 영원히 살게 할 것이다."(요 4:13, 14)

이 이야기 속에는 물로 상징되는 세 종류의 생명이 제시되어 있다.

첫째는 예수께서 사마리아 여인에게 청했던 물 곧 육신적인 생명이다. 이 물의 생명은 다시 목마르게 되어 있다. 둘째는 사마리아인들에게 대대로 마시게 했다는 야곱의 물 곧 율법 종교적 생명이다. 셋째는 그리스도가 주시는 영적인 영원한 생명이다.

하나님은 영이시다

그리스도가 주시는 영적인 생명은 영이신 아버지 하나님의 생명이다. 영생이란 하나님의 생명이다. 그러므로 중요한 것은 참 하나님께 대한 신앙이다. 그런데 사마리아인들은 앗시리아인들이 가지고 들어온 그들의 바알신과 혼합된 하나님을 섬기고 있었다. 바알이란 생산의 신이요, 소유의 신이다.

구약에서는 하나님과 유대 민족의 관계를 부부관계로 표현하기도 했다.(호세아) 예수께서 사마리아 여인에게 네 남편을 데려오라고 하시자 여인은 남편이 없다고 했다. 다섯이나 있었지만 그리고 지금 함께 사는 남자도 참 남편이 아니었기 때문이다. 이것은 사마리아인들의 혼합종교 상황을 말한 것이다.

우상화된 종교일수록 엄격한 율법을 강조한다. 예배의 장소나 절차 등에 매달리게 한다. 유대인들은 예루살렘 성전에서 예배해야 한다고 주장하며, 사마리아인들은 그들이 그리심 산에 세운 성전에서 예배해야 한다고 주장한다. 장소와 성전에 집착하고 있는 것은 아직도 참 하나님을 모른다는 소리이다.

사마리아 여인이 어디에서 예배드리는 것이 옳으냐고 물었을 때, 예수께서는 이렇게 말씀하셨다.

> "여자여 나의 말을 믿어라. 너희가 이 산 위에서도 아니고, 예루살렘에서도 아닌 데서 아버지께 예배드릴 때가 올 것이다. 너희는 너희가 알지 못하는 것을 예배하고, 우리는 우리가 아는 분을 예배한다. …… 하나님은 영이시다. 그러므로 하나님께 예배를 드리는 사람은 영과 진리로 예배를 드려야 한다."(요 4:21-24)

한국인과 단군의 우물

유대교의 관점에서 본다면 한국인은 사마리아인이요, 이

교도들이다. 우선, 우리에게는 종교적 정체성이 없다. 원시종교인 무교문화와 1천여 년에 걸친 불교문화 그리고 5백 년에 걸친 유교문화 밑에 살아온 민족이다. 그리고 현대에 와서는 기독교를 신봉하기 시작했다. 그러나 사마리아인에게 야곱의 우물이 있어 그들의 민족적 정체성을 지니고 살아왔듯이, 우리는 단군의 우물이 있어 다원종교문화사 속에서도 민족적 정체성을 지니고 살아온 것이다.

야곱의 우물의 시원이 그들의 조상들의 하나님 신앙에 있듯이, 단군의 우물의 시원은 우리들의 시조 단군의 하나님 신앙에 있다. 단군의 신앙과 그의 가르침을 전해주는 문헌으로는 민간전승의 경전 천부경(天符經)이 있다. 81자로써 서술된 천부경의 기초를 이루고 있는 것은 하나님의 창조신앙이다.

> "하나로써 비롯되데 비롯됨이 없는 하나요, 천·지·인 삼극으로 나뉘되 그 근본은 다함이 없다. 하늘은 이 하나를 얻어 하늘이 되고, 땅은 이 하나를 얻어 땅이 되며, 사람은 이 하나를 얻어 사람이 된다."(一始無始一 析三極無盡本 天一一 地一二 人一三)

'한'[一]이란 하나이면서 전체인 초월자 곧 '한님'이요, '하나님'이시다. 천 · 지 · 인 삼재는 그로 말미암아 존재하게 되었다.

무(無)로부터의 창조는 창조자 자신이 자료가 된다. 그러나 그 자신은 늘지도 줄지도 않는 초월자이며, 비롯이 없는 영원한 자성적(自性的) 존재이다. 한님은 만물의 존재 근거이며, 그가 없이 존재하는 것은 하나도 없다.

一은 또한 하늘을 뜻하고, 二는 땅을 뜻하며, 三은 사람을 뜻한다. 이것을 형상화한다면, 하늘은 동그라미요, 땅은 네모꼴이요, 사람은 세모꼴이 된다.

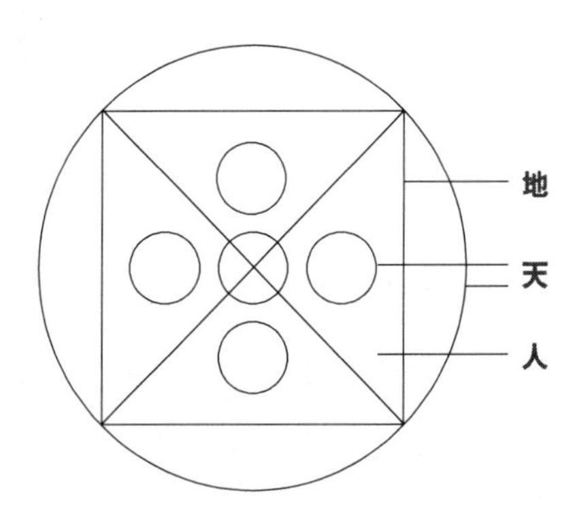

그런데 이 천 · 지 · 인 삼재가 각각 제구실을 하게 되는 것은, 각기 그 안에 '한'님을 모심으로써 그러하다. 하나님은 실로 만유 위에 계신 창조자요, 만유를 통해 계신 섭리자요, 만유 안에 계신 존재의 근거이다.(참조 엡 4:6)

한국인의 하나님은 앗시리아의 바알 신이 아니라, 유대인들이 신봉하던 영적인 창조주 하나님이시다. 곡식을 거두고 난 10월이면 온 국민이 항상 하나님께 제사를 지냈다.(『삼국지三國志』「위지魏志」 동이전東夷傳)

우리의 종교의 주류를 이루고 있는 불교와 유교는 소유와 생산 신을 신앙하는 종교가 아니라 자기를 극복하고 하늘을 섬기며 남에게 자비를 베풀도록 경천애인(敬天愛人)을 가르치는 윤리적 종교이다. 이러한 종교문화에 접목된 것이 바로 오늘의 한국 기독교이다.

2. 인간의 구조와 생명의 3양태(5장)

육신의 치료와 율법의 치료

예루살렘 근처에는 벳세다라는 못이 있었고, 거기에는 많은 병자들이 모여 있었다. 그 못에는 병을 고치는 효능이 있었기 때문이다. '벳세다'라는 말은 '은혜의 집'이라는 뜻이다. 곧 하나님이 우리와 함께 계신 제3우주를 뜻한다. 누구든지 이 벳세다에 들어가면 건강과 생명을 얻게 된다.

그런데 그 근처에는 38년간이나 자리에 누워 있는 병자가 있었다. 아무도 그를 못 안으로 데려다주는 사람이 없었던 것이다. 이것을 보신 예수께서는 그에게 "네가 낫기를 원하느냐"고 물으셨다. 그리고 그의 사정을 들으신 예수께서는 이렇게 말씀하셨다.

"일어나서 네 자리를 걷어들고 걸어가거라."(요 5:8)

이 말씀을 믿은 그는 곧 나아서 일어나 걸어갔다. 로고스-예수 자신이 '은혜의 집'인 것이다.

그런데 그날은 안식일이었다. 안식일에는 일하지 말라는 것이 십계명 중 하나이다. 이에 유대인들은 이것을 근거로 예수와 병자를 힐난하기 시작했다. 이는 실로 종교적 위선이다.

"안식일은 사람을 위하여 있는 것이요, 사람이 안식일을 위하여 있는 것이 아니다."(막 2:27) 모든 율법은 사람으로 하여금 사람답게 살게 하기 위한 지침서일 뿐이다. 사람이 율법을 위하거나 율법이 하나님을 위해 존재하는 것이 아니다.

또 하나, 우주를 창조하시고 섭리하시는 하나님은 '언제나' 쉬지 않고 창조 작업을 하고 계시는 분이다. "내 아버지께서 언제나 일하고 계시니, 나도 일하는 것이다."(요 5:17)

그리스도의 일이란 우리들에게 영생을 주는 것이다. 영생이란 시간을 초월한 생명이다. 따라서 영생은 미래에만 있는 것이 아니다. 지금 여기에서도 이미 누리고 사는 영적인 생명이다.

> "내 말을 듣고 나를 보내신 분을 믿는 사람은 영생을 얻고 심판을 받지 않는다. 그는 죽음에서 벗어나 '이미' 생명으로 옮겨졌다."(요 5:24)

영원을 시작과 끝이 없는 동그라미로 표현한다면, 시간은 시작과 끝이 있는 직선으로 표현할 수 있다. 그러므로 그리스도를 믿고 영생을 얻은 그리스도인이란 동그라미와 직선이 만나는 한 점에 서 있는 존재이다. 그리스도인에게는 영원과 시간이 하나이다. 따라서 삶과 죽음 사이에 담이 없다. 영생이란 영원한 현재를 사는 생명을 의미한다.

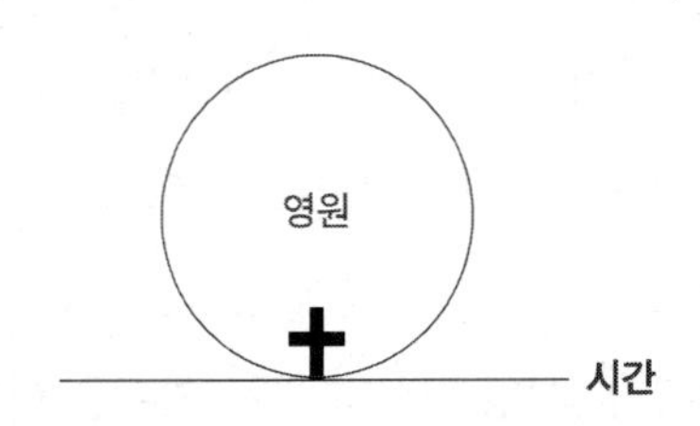

사람의 구성

인간은 우주의 한 결집체이다. 사람을 구성하고 있는 것은 육체와 심성이다. 육체를 구성하고 있는 원자들은 지구의 역사, 나아가서는 우주의 역사적 산물이다. 곧 137억 년 전의 '빅뱅'의 역사를 배경으로 한 원자들의 결집체가 육신을 만들고 있다.

심성은 이것을 감성과 이성과 영성으로 나누어볼 수 있다. 감성은 생물이 갖는 본능적인 감각기능이다. 이것은 지구상에 나타난 생물의 역사 30억 년을 배경으로 한 강인한 심성이다. 그리고 감성을 지배하는 것은 본능적인 '쾌락원칙'이다.

이성은 인간 특유의 개념적 사고기능을 한다. 대상에 대한 인식과 선악의 판단 그리고 자신에 대한 자의식 등의 기능을 한다. 이것은 현존 인류의 조상으로 생각되는 사유하는 인간(호모 사피엔스)의 출현과 그 역사를 같이한다. 약 15만 년으로 추정된다.

이성이 본능적인 감성과 결탁될 때 사람은 자기중심적인 이기주의 곧 에고이즘을 낳게 한다. 그러나 약 3만 년 전으로 추정되는 공동사고의 출현으로 인해 사회공동체를 형성하게 되자, 이성은 점차 사회질서를 유지하기 위한 율법을 낳게 했다. 이것은 곧 개인적인 쾌락원칙을 조절하기 위한 '현실원칙'의 형성을 의미한다.

영성은 기원전 약 1천 년에 걸쳐 동·서양에서 일어난 정신혁명을 통해 나타났다. 이것은 새로 형성되었다기보다 본시 우리 안에 있던 하나님의 형상에 대한 자각이다. 이 영성을 통해 인간은 하나님과 영성우주를 알고 그 안에서 살 수 있게 된 것이다.

정신혁명이란 생래적 이기주의의 극복을 통한 심성의 승

화를 뜻한다. 인간의 욕심을 제거하고 천리 곧 하늘의 법도를 따르려는 결단을 촉구한다. 이때에 사람은 영적으로 거듭나게 된다. 궁극적으로는 자기부정을 통한 무아(無我)에서 본래적인 참 자아 곧 하나님의 형상대로 창조된 영적 자아를 발견하게 되는 것이다. 이것을 나는 '복음 원리'라고 한다.

정신혁명은 이스라엘의 예언자들로부터 시작되어 그리스의 철인들 그리고 동양의 노자, 공자, 석가여래 등 성현들을 거쳐 예수님에게 이르러 대단원을 이루었다. 곧 예수의 십자가는 자기부정의 우주적 형상이요, 그의 부활은 영성의 우주적 형상이기 때문이다.(히 1:1)

예수님은 자신이 하나님의 나라 곧 영성우주에 이르는 길〔道〕이라고 했다.(요 14:6) 그는 본시 하나님의 말씀이 인간이 되어 오신 분이다. 영성우주와 시공우주를 한 몸에 지닌 존재이다. 그러므로 그는 영성우주로의 통로가 되는 것이다. 그런데 그가 다시 십자가에서 자기를 부정하고, 영체로 부활한 것은 우리에게 영성우주로 가는 구체적인 길을 열어주기 위해서였다. 사람들은 이제 그의 십자가와 부활에 동참하는 믿음만으로 하나님의 영성우주에 들어가게 되는 것이다.

십자가에 의한 자기부정을 통해 영체로 거듭나는 부활의 원리, 이것이 '복음 원리'이다. 이것을 그림으로 표현해본다면, 다음과 같이 될 것이다.

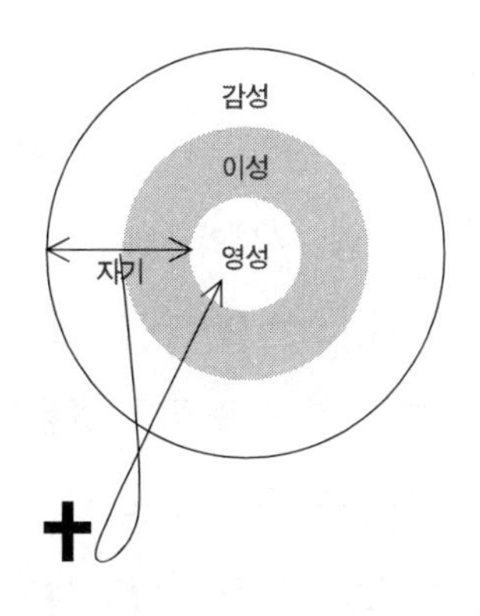

생명의 세 양태

사람은 육체와 심성으로 구성된 통전적 존재이다. 사람은 살아 있음으로써 비로소 사람이 된다. 우리말의 '삶'이란 '사람'의 준말이다. 사람은 살아 있는 하나의 통전적 인격이다.

그런데 생명은 심성의 구성에 따라 세 양상으로 나누어볼 수 있다. 곧 육체와 감성이 결부된 육적 생명과 이성이 지배하는 지적 생명과 영성이 지배하는 영적 생명이 그것이다.

사람은 하나의 통전적인 인격이기 때문에 사람이 산다는 말에는 이 세 가지 생명이 다 포함되어 있다. 다만 그중 어느 생명이 그 인격 전체를 주관하느냐에 따라 인격이 다양해진다. 육적인 사람이 있는가 하면 이지적인 사람이 있고 또한 영적인 사람이 있게 된다.

사람의 기초는 육신에 있다. 하나님께서는 먼저 흙으로써 사람을 만드시고, 거기에 자신의 생명을 불어넣으심으로써 산 존재가 되게 하셨다.(창 2:7)

예수께서 가르치신 기도문 중에도 "일용할 양식을 주옵소서" 하는 것이 첫 간구였다. 육신이 음식을 먹고 건강을 유지한다는 것이 인격 형성의 기초가 된다는 말이다. 예수님은 굶주린 민중을 먹이셨고, 병든 자들을 치유해주셨다.

그러나 육신의 건강이 인격의 한 기초가 되기는 하지만 그것이 인격 전체를 지배하는 중심은 아니다. 예수님은 결코 배불리 먹게 하기 위해 오신 분이 아니었다. 사람들이 그를 경제적 왕으로 모시려고 했을 때, 그는 산으로 피신하고 말았다.(요 6:15)

이성은 그 자체로써 지적인 생명을 가질 수 있다. 그 전형적인 것이 현실원칙에 입각한 율법적 생명이다. 그러나 이성은 오히려 중립적인 위치에서 기능을 한다. 이성은 감성과 결탁함으로써 육적인 생명을 조장할 수도 있고, 반대로 영성과 결합함으로써 영적인 생명을 발전시키는 역할을 담당하기도 한다.

이성은 그 자체로써 하나님의 영적인 생명에 도달할 수는 없다. 하나님은 우리의 지성을 넘어서 존재하시는 분이기 때문이다.

"세상이 자기의 지혜로써 하나님을 알 수 없다는 것이 하나님의 경륜입니다."(고전 1:21)

하나님이 주시는 영원한 영적 생명은 지적으로 파악하고 소유할 수 있는 것이 아니라 그리스도의 십자가와 부활을 믿고 받아들임으로써 갖게 된다. 곧 그의 살을 먹고 그의 피를 마심으로써 얻어지는 것이다. 이것을 형상화한 것이 세례식과 성찬식이다.

"너희는 썩을 양식을 얻으려고 일하지 말고, 영원한 생명에 이르게 하는 양식을 위해 일하여라."(요 6:27)

육신이 살기 위해 양식을 벌어들이는 것은 당연하다. 그러나 그것이 삶의 목적이거나 전부여서는 안 된다. 육신은 인격의 일부일 뿐만 아니라 조만간 없어질 생명체이다. 그러므로 결코 의식주에 집착해서는 안 된다.

인간이 추구해야 할 것은 하나님의 뜻이 이 세상에서 이루어지는 것이며, 이에 동참하는 일이다. 이것이 영적 생명의 본질이다. 하나님의 뜻이란 인간의 자유와 평화와 사랑으로 구성된 아름다움의 실현이다. 이러한 하나님의 뜻이 실현된 곳이 곧 하나님의 나라이다.

"그러므로 무엇을 먹을까, 무엇을 마실까, 무엇을 입을까 염려하지 말아라. …… 너희는 먼저 하나님의 나라와 그 의를 구하라. 그리하면 이 모든 것은 너희에게 더하여 주실 것이다."(마 6:31, 33)

지금까지 논의된 인간의 구조와 생명의 세 양태를 다시 도식으로 표현한다면 다음과 같이 될 것이다.

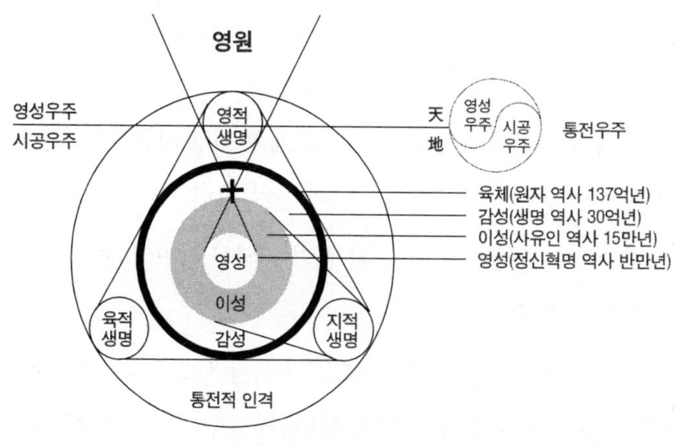

인간의 구성과 생명의 3양태

3. 영생과 그리스도의 복음(6장)

종교와 인간의 한계

모든 종교는 자기를 부정하고 하늘이 주신 천성으로 돌아가기를 가르친다. 생명의 승화의 길을 걷게 함으로써 초월적인 영적 생명에까지 이르도록 가르치는 것이다. 유교는 자기를 극복하고 천성으로 돌아가라고 한다〔克己復禮〕. 불교는 모든 집착을 버리고 부처님의 마음으로 돌아가라고 한다〔歸一心源〕. 도교는 인간의 생각을 버리고 하늘의 대법도를 따르라고 한다〔無爲自然〕.

자기의 부정을 매개로 새로운 존재가 되게 하는 것은 십자가를 통한 부활이라는 복음 원리에 부합된다. 그러나 여기에는 철저한 수도의 길 곧 자기의 능력에 의한 정진의 길이 요청되고 있는 것이다.

이러한 수도의 길을 밟을 수 있는 사람은 소수의 선택받은 수도사들이라 하겠다. 여기에는 인간이 지니고 있는 존재자체의 한계를 어떻게 극복할 것이냐 하는 근본 문제가 남아 있다.

이 문제에 대해 처절한 고민과 그 해결을 체험하고 고백한 이는 바울이었다.

> "나는 내가 하는 일을 도무지 알 수가 없습니다. 내가 해야겠다고 생각하는 일을 행하지 않고, 도리어 해서는 안 되겠다는

일을 하고 있으니 말입니다. …… 나는 내가 원하는 선한 일은 하지 않고, 도리어 원하지 않는 악한 일을 합니다. 내가 해서는 안 되는 것을 하면, 그것을 하는 것은 내가 아니라 내 속에 자리 잡고 있는 죄입니다. 여기에서 나는 법칙 하나를 발견했습니다. 곧 나는 선을 행하려고 하는데, 그러한 나에게 악이 붙어 있다는 것입니다. …… 아, 나는 비참한 사람입니다. 누가 이 죽음의 몸에서 나를 건져 주시겠습니까? 우리 주 예수 그리스도를 통하여 나를 건져 주신 하나님께 감사를 드립니다."(롬 7:14-25)

그리스도의 복음

기독교의 진리는 수도를 통한 자기의 승화나 영생을 획득하는 데 있는 것이 아니라 하나님께서 사랑의 선물로 주시는 영생의 떡을 먹는 데 있다. 예수께서는 이렇게 말씀하셨다.

"나는 생명의 떡이다. 너희 조상들은 광야에서 만나를 먹었어도 죽었다. 그러나 하늘로부터 내려온 떡을 먹으면 죽지 않는다. 나는 하늘로부터 내려온 살아 있는 떡이다. 이 떡을 먹는 사람은 누구나 영원히 살 것이다. 내가 줄 떡은 나의 살이다. 그것은 세상에 생명을 준다."(요 6:48-51)

그리스도는 로고스-예수이다. 하나님의 영원한 생명이 인간이 되어 오심으로써 영원과 시간이 하나가 된 제3우주를 창조하신 분이다. 우리는 그저 떡 먹듯 믿고 이 안에 들어가 살면 된다.

이것을 복된 소식 곧 복음이라고 한다. 예수께서는 다시 이렇게 말씀하셨다.

"내 살을 먹고 내 피를 마시는 사람은 영생을 얻을 것이요. 마지막 날에 내가 그를 살릴 것이다. …… 내 살을 먹고 내 피를 마시는 사람은 내 안에 있고, 나도 그 사람 안에 있다."(요 6:54, 56)

여기의 살과 피란 십자가에 달리실 자신의 모습을 말한다. 그는 "세상의 죄를 지고 가는 하나님의 어린양"이요.(요 1:29) 죽음의 천사를 뛰어넘어가게 하기 위하여 이스라엘 집 문설주

에 발랐던 어린 숫양의 피다.(출 12:1-14)

십자가에 달리신 그리스도의 살과 피를 먹고 마심으로써 그와 하나가 된 그리스도인은 또한 그리스도의 부활생명 곧 영원한 생명을 지닌 존재가 된다.

영생의 길: 믿음

요한복음 3장 16절은 요한의 복음 요약이다.

"하나님이 세상을 이처럼 사랑하사 독생자를 주셨으니, 누구든지 저를 믿으면 멸망치 않고 영생을 얻으리라."

요한은 다시 그의 복음서를 마감함에 있어 그의 저술의 목적을 다음과 같이 서술했다.

"이 책을 쓴 목적은 여러분으로 하여금 예수가 그리스도요 하나님의 아들이심을 믿게 하고, 또 그 믿음으로 말미암아 주님의 이름으로 영생을 얻게 하려는 것이다."(요 20:31)

위의 두 구절 속에 요한이 전하는 복음의 내용이 명시되어 있다. 곧 역사적 예수가 하나님의 아들 그리스도라는 것과 이 사실을 믿음으로써 하나님의 영원한 생명을 얻으리라는 것이다.

과연 그리스도에 대한 믿음이란 무엇인가를 규명해야 한다. 그리스도에 대한 신앙이란 그의 성육신과 십자가와 부활로써 구성된 복음에 대한 신앙이다. 특히, 십자가와 부활에 대한 신앙이 무엇인가를 가장 명확히 규명한 이는 바울이었다.

> "나는 그리스도와 함께 십자가에 달려 죽었습니다. 이제는 내가 사는 것이 아니라 그리스도가 내 안에서 사시는 것입니다. 지금 내가 살고 있는 것은 나를 사랑하시고 또 나를 위하여 당신의 몸을 내어주신 하나님의 아들을 믿는 믿음으로 사는 것입니다."(갈 2:19, 20)

이러한 믿음에 대한 신앙결단 예식이 곧 세례식이다. 이에 대해 바울은 다시 이렇게 말하고 있다.

"세례를 받고 그리스도 예수 안으로 들어간 우리 모두는 예수와 함께 죽었다는 것을 모르십니까? 과연 우리는 세례를 받고 죽어서 그 분과 함께 묻혔습니다. 따라서 그리스도께서 아버지의 영광스러운 능력으로 죽음으로부터 부활하신 것처럼 우리도 새 생명을 얻어 살아가게 된 것입니다. 우리는 그리스도와 같이 죽어서 그 분과 하나가 되었으니 그리스도와 같이 다시 살아나서 또한 그 분과 하나가 될 것입니다."(롬 6:3-5)

세례식은 한번으로 족하다. 그러나 그리스도가 우리의 인격 안에 현존하시고, 일상생활을 지배하고 계시다는 것을 상기하기 위한 예식이 성찬식이다. 말하자면, 반복되는 세례식이다. 성찬식의 기원은 예수께서 제자들과 나누셨던 최후의 만찬 행사에 있다.

"예수께서는 떡을 들어서 감사를 드린 다음, 떼어서 그들에게 주시고 말씀하셨다. 이것은 너희를 위하여 주는 나의 몸이다. 너희는 이것을 행하여 나를 기억하라. 그리고 저녁을 먹은 뒤에, 잔을 그와 같이 하시고 말씀하셨다. 이 잔은 너희를 위하

여 흘리는 내 피로 세우는 새 언약이다."(눅 22:19, 20)

요한은 예수님의 설교 속에서 이 말을 듣고 있다.

"내 살을 먹고, 내 피를 마시는 사람은 내 안에 있고, 나도 그 사람 안에 있다."(요 6:56)

그러나 많은 사람들은 이 말을 알아들을 수가 없어 예수를 떠나가 버렸다. 이에 예수께서는 제자들에게 너희도 떠나가려느냐고 질문하셨다. 이때에 대표적으로 신앙고백을 한 이가 베드로였다.

"주여! 영원한 생명의 말씀이 주님께 있사온데, 우리가 누구에게로 가오리까."(요 6:68)

IV

그리스도와 사랑

1. 우주의 중심과 사랑(7장)

예루살렘과 초막절

갈릴리 지방에서 활동하시던 예수께서는 초막절을 맞이하자 예루살렘으로 올라가셨다.(요 7:10)

예루살렘이란 '평화의 기초'라는 뜻을 가진 히브리어이다. 예루살렘은 기원전 1천 년경에 다윗 왕이 이스라엘의 수도로 만든 곳이다. 그 후 솔로몬 왕이 그곳에 하나님을 모신 성전을 지었다. 천지를 창조하신 하나님을 모심으로써 참 평화의 기초가 된 서울이며, 이로써 예루살렘은 우주의 중심이 된 셈이다.

바로 이 중심지에서 예수님이 십자가에 달려 돌아가셨고, 부활하셨고 또한 승천하신 것이다. 후에 이슬람교의 교주 무함마드도 이곳 예루살렘에서 승천했다고 전해진다.

예루살렘은 하나님을 모신 우주의 중심지요, 평화의 초석이 되는 도시이다. 그러므로 예루살렘을 소유하는 나라가 천하를 다스린다고 생각된다. 그러기에 유일신을 신봉하는 유대교와 기독교와 이슬람교는 제각기 이곳을 소유하기 위해 싸워왔으며, 오늘날까지도 전쟁을 일삼고 있다. 평화의 기초가 전쟁의 기초로 변해온 것은 역사적 아이러니라 하겠다.

이 예루살렘에서 열리는 초막절은 유대인들의 가장 큰 명절이다. 이것은 가을에 곡식을 거둔 다음에 행하는 추수감사절이며, 한 주간이나 계속되는 민족 축제이다. 육신의 양식을 주신 하나님께 드리는 감사의 축제인 것이다.

그런데 이 기간에는 그들이 뜰에 초막을 지어놓고, 거기에 머물며 지낸다. 그것은 그들의 조상들이 애굽의 노예생활로부터 해방될 때에 광야에서 40년이나 초막 생활을 한 일을 상기하기 위해서이다. 그들은 육신의 양식을 주신 추수의 축복에 대한 감사를 계기로 민족과 인격의 해방과 독립을 주신 하

나님께 감사의 축제를 올리고 있는 것이다.(레 23장)

우리로 말하면, 전통적인 8월 추석 명절과 함께 8·15 해방절을 합쳐서 하나님께 감사의 축제를 드린다는 뜻과도 같다. 초막절이란 말하자면, 역사의 중심에 서 있는 명절이다.

축제와 생명

초막절은 하나님께서 모세를 통해 정해주신 계절 축제이다. "밭에서 난 곡식을 다 거두고 난 다음, 일곱째 달 보름부터 이레 동안 주께 절기를 지켜야 한다." 그리고 "이레 동안 너희는 초막에서 지내야 한다."(레 23:39, 42)

초막이란 집을 떠난 나그네들의 임시거처이다. 축제는 일상생활의 터전에서 떠난 나그네 의식을 바탕으로 이루어진다. "초막절 첫 날에는 거룩한 모임을 열고, 생업을 돕는 일은 아무것도 해서는 안 된다."(레 23:25)

우리는 일상 생업에 집착하고 안주함으로써 자신의 고향인 하나님과 그가 주시는 생명력을 잃어가고 있다. 그러므로 초막절에는 초막에 머물면서 일체 생업에서 떠나 하나님께만 전적으로 귀의하는 축제를 드리라고 하셨다.

이러한 계절 축제를 통해 하나님께서 주시는 원초적인 생명력을 회복하도록 하신 것이다. 축제에 대해 이렇게 말씀하셨다.

"첫날 너희는 좋은 나무에서 딴 열매를 가져오고, 또 종려나무 가지와 무성한 나뭇가지와 갯버들을 꺾어 들고, 주 너희의 하나님 앞에서 이레 동안 절기를 즐겨라."(레 23:40)

이것은 하나님께서 모든 족속에게 주신 지혜이기도 하다. 우리 한인의 조상들도 "항상 10월에는 하느님에게 제사를 지냈다. 그들은 며칠씩 음식을 즐기며 노래와 춤으로써 축제를 올렸다."(『삼국지三國志』「위지魏志」 동이전東夷傳)

그뿐 아니라, 우리의 민속축제인 탈춤에서도 '취발이'는 생명력을 상징하는 버드나무 가지를 꺾어들고 춤을 춘다. 그는 생명력을 잃은 노장을 희롱하며 그의 소실을 겁탈하는 등 원초적인 생명력을 과시한다.

그러나 참 생명력은 우주를 창조하신 하나님의 말씀 안에 있는 것이다. "그의 안에 생명이 있었으니 그 생명은 사람들의 빛이었다."(요 1:4) 초막절이 절정에 달하던 마지막 날에는 드디어 하나님의 말씀이신 예수께서 이렇게 선포하셨다.

> "목마른 사람은 다 내게로 와서 마셔라. 나를 믿는 사람은 성경에 이른 것 같이 그의 속에서 생명수가 강처럼 흘러나올 것이다."(요 7:37f)

축제와 사랑

축제가 끝나자 올리브 산으로 가셨던 예수께서는 다음날 아침에 다시 성전으로 오셨다. 그런데 그때를 기해 율법학자와 바리새파 사람들이 한 여인을 끌고 성전으로 들어왔다. 그리고 예수님께 질문했다.

이 여인은 간음하다 잡힌 사람이며, 모세의 율법에 따르면 죽여야 마땅한데 예수 당신은 어떻게 하겠느냐고 물었다. 여인을 잡은 것은 축제 기간에 축제 현장에서의 일일 것이다. 축제의 특징은 한마디로 노래와 춤을 통한 신과의 교제라는 데 있다. 가무강신(歌舞降神)을 우리는 "신명 난다"고 한다. 신이 내린 황홀경(엑스타시) 속에서 신과 인간이 하나가 되는 것을 체험한다. 거룩과 세속이 하나가 되는 것이며, 사람과 사람 사이의 간격이 없어지는 것을 체험한다. 이 하나됨이 사랑의 본질이며, 여기에서 하나님이 주신 원초적인 창조적 생명력을 회복하게 된다.

사랑이란 주체와 객체가 하나가 되는 데 있다. 이것이 때로는 창조적 태극체험을 동반하기도 한다.

이것을 객관적인 율법의 눈으로만 관찰하는 율법학자와 바리새인 들에게는 간음한 여인으로밖에 볼 수 없었던 것이다. 문제는 거기에 사랑이 있었느냐 없었느냐에 있다. 여기에 생명과 함께 인생의 근본을 이루고 있는 사랑의 문제가 대두된다.

2. 사람과 사랑(8장)

삶과 사랑

인간의 삶이란 가치 창조적 생명활동이다. 가치를 생산치 못하는 삶은 이미 끝난 것이나 다름이 없다.

가치에는 의·식·주와 관련된 생존적 가치가 있고, 자유와 평화와 사랑의 기쁨 등 인격적 가치와 함께 진 · 선 · 미로 집약되는 우주적 가치 등이 있다.

인간의 생명이란 육체적 생명과 정신적 생명 그리고 영적 생명의 총체를 뜻한다. 생명이란 호흡에서 보듯이 그 자체가 끊임없는 창조적 작업을 통해서만 존재한다. 그런데 인간으로서의 생명은 가치의 창조적 생산을 동반해야 하는 것이다. 그러므로 우리의 삶은 항상 가치 생산적이어야 한다.

가치는 생명과 마찬가지로 주어져 있는 객관적 실체가 아니다. 그것은 끊임없이 창조되는 것이다. 창조란 창조하는 주체와 대상인 객체와의 상관관계 속에서 이루어진다. 모든 가치는 '나'와 '너' 사이의 상관관계를 통해 형성되는 것이다. 보석의 가치는 그 자체 안에 있는 것이 아니라 그것을 사용하는 인간과의 관계를 통해 형성된 것이다. 이것은 율법의 경우도 마찬가지다. 율법이 유대인들에게는 절대적 가치를 지닌 것이지만, 그리스도인 바울에게는 그리스도에게로 안내하는 방편에 불과했다.

가치를 창출하는 나와 너 사이의 상관관계는 유대관계를 초래하는 것이며, 나아가서는 하나가 되게 한다. 이것이 사랑이다. 사랑은 가치 창조적 하나됨이다. 따라서 사랑은 삶의 원천이다.

참 사랑과 참 삶의 뿌리는 창조주 하나님과 하나가 되는 데 있다. 그리스도가 오신 것은 바로 이 하나되는 사랑을 실현하기 위해서였다. 그의 분부와 기도는 이러했다.

> "아버지께서 나를 사랑하신 것 같이 나도 너희를 사랑하였다. 너희는 내 사랑 안에 머물러 있어라."(요 15:9)
> "아버지께서 내 안에 계시고, 내가 아버지 안에 있는 것과 같이, 그들도 하나가 되어 우리 안에 있게 하여 주십시오."(요 17:21)

"하나님은 사랑이시다."(요일 4:16) 성부, 성자, 성령 삼위일체의 하나님은 상호 주체인 동시에 객체가 되는 사랑의 존재이시다. 그렇기 때문에 하나님은 무(無)로부터의 창조가 가능했다.

이러한 하나님의 사랑이 육신을 입고 이 세상에 오신 이가 예수 그리스도시다. 그는 천지창조의 주역이신 하나님의 아들 '로고스'인 동시에 마리아의 아들 인간이었다. 그가 오심으로 인해 이제 인간은 하나님과 하나가 되는 사랑이 실현되었다. 이것을 다시 역사화한 것이 예수님의 십자가와 부활의 사건이다. 이에 대해 예수님은 이렇게 말한다.

"그 날에는 내가 아버지 안에 있고, 너희는 내 안에 있고, 나는 너희 안에 있음을 알게 될 것이다."(요 14:20)

그리스도를 매개로 창조주 하나님과 우리가 하나가 된 사랑의 관계 속에서 우리는 가장 풍부한 삶의 열매를 맺게 된다. 이에 대해 예수님은 포도나무의 비유로써 설명했다.

"나는 포도나무요, 나의 아버지는 농부이시다. …… 나는 포도나무요, 너희는 가지들이다. 누구든지 나를 떠나지 않으면 내게 붙어 있기 때문에 많은 열매를 맺을 것이다."(요 15:1-5)

하나님의 사랑은 우리를 그리스도 안에 있게 함으로써 사랑의 열매 곧 삶의 가치를 풍성하게 창조하도록 했다.

사랑의 세 양태

사랑은 생명의 경우와 마찬가지로 심성의 구성요소에 따라 세 가지 양태로 나누어볼 수 있다.

첫째는 육신과 감성이 지배하는 이성 간의 사랑이다. 그리스어의 개념에 따르면 '에로스'의 사랑이다. 이것은 쾌락원칙이 지배하는 생명활동이다.

감성적 에로스 사랑은 인간 존재의 기초가 된다. 하나님께서 사람을 창조하실 때에 "남자와 여자로 창조하셨다." 그리고 축복하시기를 "생육하고 번성하여 땅에 충만하라. 그리고 모든 생물을 다스리라"고 하셨다.(창 1:27, 28)

남녀의 사랑의 결과로 인류가 생존해가고 있다. 따라서 감성적 사랑은 인간에게 주어진 축복의 하나이다. 에로스는 생명체로서의 인간이 지닌 본능적이며 자연적인 사랑이다. 이것은 선·악 판단 이전의 것이어서, 선을 추구하는 신약성서에서는 이 단어가 사용되어 있지 않다. 에로스가 문제되는 것은 이성이 지배하는 현실원칙과의 충돌 때문이다.

둘째는 이성과 현실원칙이 지배하는 공동체 안에서의 사랑이다. 그리스어의 개념으로는 '필리아'에 해당한다. 우애나

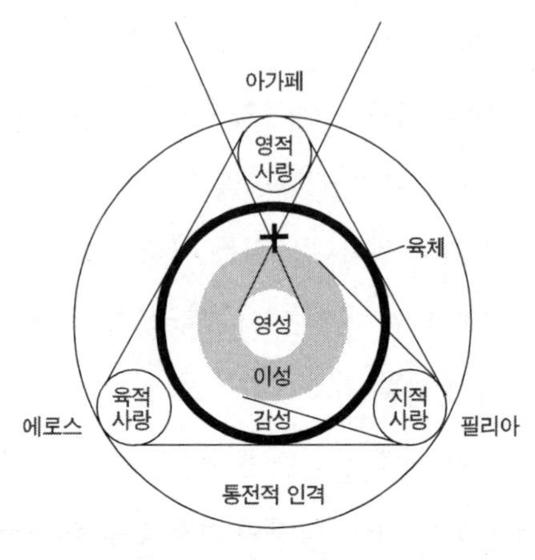

인간의 구성과 사랑의 3양태

형제애에서 보듯이 여기에는 상호 인격적 존경이 개입된다. 또한 율법적 의무에 대한 성실성을 촉구하는 사랑이기도 하다. 하나님과 이스라엘 사이의 계약관계는 율법에 대한 성실성을 요청했다.

셋째는 영성에 입각한 하나님의 무제약적인 사랑이다. 이것이 그리스어의 '아가페'에 해당한다. 신약성서에서 사용되고 있는 사랑이라는 단어의 대부분이 아가페이다. 이것은 동사와 명사를 모두 합쳐서 253회나 사용되고 있는데 비해, 필리아는 26회에 지나지 않는다. 성서에서 주장하는 사랑은 아가페이며, 이러한 사랑을 사람들에게도 요청하고 있는 것이 기독교이다.

율법적 사랑의 계약이 지켜지지 않았을 때 하나님은 새로운 사랑의 계약을 맺으셨다. 그것은 자기희생적이며 무제약적인 아가페 사랑의 계약이다. 하나님은 예레미야를 통해 이렇게 말씀하셨다.

> "그때가 오면, 내가 이스라엘 가문과 유다 가문과 새 언약을 세우겠다. 이것은 내가 그들의 조상의 손을 잡고 이집트 땅에서 데리고 나오던 때에 세운 언약과는 다른 것이다. …… 내가 그들의 허물을 용서하고, 그들의 죄를 다시는 기억하지 않겠다. 나 주의 말이다."(렘 31:31, 34)

하나님의 사랑은 그리스도의 십자가와 부활사건을 통해 구체적으로 나타났다. 십자가는 우리의 죗값을 대신 치러주신 사건이며, 부활은 우리에게 새로운 생명의 세계를 열어주신 사건이었다.

"그리스도께서는 우리 죄 많은 인간을 위하여 돌아가셨다. 하나님께서는 이렇게 우리 인간에 대한 당신의 사랑을 보여주셨다."(롬 5:8) 그러므로 이제 우리는 그의 사랑을 믿고 받아들임으로써 부활의 새로운 세계에서 살게 된 것이다. 이것이 복음이다. 자기부정적 죽음을 통한 새로운 존재로의 승화, 이것이 '복음 원리'이다. 아가페는 복음 원리에 지배되는 창조적 사랑이다.

종교는 사랑의 승화를 촉구한다. 감성적 사랑에서 이성적 사랑으로, 이성적 사랑에서 영적 사랑으로 승화되기를 촉구하는 것이다.

승화는 기존의 것에 대한 부정을 매개로 이루어진다. 그러나 그것은 기존의 것을 없애버리는 것이 아니라 '없애가지고' 질적으로 지양(止揚)하는 것이다. 거기에는 단절과 함께 연속성이 있다. 에로스의 연장이 필리아가 아니고, 필리아의 연장이 아가페가 아니다. 그러나 또한 에로스 없는 필리아, 필리아가 없는 아가페는 존재하지 않는다. 사랑은 세 양태로 나누어 볼 수 있지만 실은 하나의 통전적인 것이다. 다만 어느 것이 사랑 전체를 지배하느냐에 따라 인격적 특성이 달라질 뿐이다. 그것은 생명의 경우와 동일하다.

기독교 신앙이 추구하는 것은 사랑의 승화를 통해 하나님의 아가페 사랑이 지배하는 인격이 되도록 하는 데 있다.

사랑의 승화

간음하다 잡힌 한 여인을 데리고 와서 예수님 앞에 세운 것은 율법학자와 바리새인 들이었다. 그리고 그들은 예수님께 이렇게 말했다.

> "모세 법에 의하면 이런 죄를 범한 여자는 돌로 쳐 죽이게 되어 있습니다. 선생님의 생각은 어떻습니까?"(요 8:5)

이 장면에는 세 종류의 사람으로 표현된 세 종류의 사랑과 그 사이의 상관관계가 나타나 있다.

첫째는 막달라 마리아의 '에로스'이다. 쾌락원칙에 지배된 분방한 사랑이다. 이에 대해 현실원칙은 규제를 가한다. 이것이 율법이다.

둘째는 율법학자와 바리새인들의 '필리아'이다. 현실 유지를 위한 금지법이 주류를 이루고 있는 율법에 대한 성실성이 그들의 사랑이다. 율법을 어긴 사람은 처벌을 받아야 할 범죄자이다. 여기엔 정의만 있고 자비는 없다.

셋째는 그리스도의 '아가페'이다. 복음원칙이 지배하는 창조적 사랑이다. 율법을 넘어서 자비가 우선하는 사랑이다.

> "사람이 안식일(율법)을 위해서 있는 것이 아니라, 안식일이 사람을 위해서 있는 것이다."(막 2:27)

율법학자들이 모세의 권위를 들고 간음한 여인에 대한 정죄의 정당성을 질문해왔다. 그러나 예수님은 말없이 땅에 글씨를 쓰기 시작했다. 글은 말을 상기시킨다. 필경 그는 산상에서 대중에게 했던 말을 상기시키려고 했을 것이다.

> "간음하지 말라는 말을 너희는 들었다. 그러나 나는 너희에게 말한다. 여자를 보고 음욕을 품은 사람은, 누구나 이미 그 여자와 간음한 것이다."(마 5:27)

윌리엄 블레이크, 〈간음한 여인과 그리스도〉

글쓰기를 멈추고 허리를 펴신 예수님은 이렇게 말했다.

"너희들 중에 누구든지 죄 없는 사람이 있으면, 먼저 저 여자를 돌로 치라."(요 8:7)

이 말을 들은 그들은 하나둘 다 사라져버렸다.

예수께서 여인에게 물었다. "너를 단죄하던 사람들이 지금도 남아 있느냐?"

"한 사람도 없습니다." 이에 예수께서는 여인에게 말했다.

"나도 너를 정죄하지 않는다. 가서 이제부터는 다시 죄를 짓지 말라."(요 8:11)

문제는 사랑이 있었느냐 없었느냐에 달려 있다. 사랑의 행위에는 죄가 없다. 사랑이신 하나님의 아들 그리스도에게는 죄인이 있을 수 없다. 그러므로 그는 정죄하지 아니하신다. 그리고 이제부터 사랑이 없는 행위는 하지 말라고 말씀하실 뿐이다. 이것이 하나님의 사랑이요, 예수를 통해 나타난 아가페이다.

"율법은 모세를 통해 왔지만, 은총과 진리는 예수 그리스도를 통해 왔다."(요 11:5) "문자(율법)는 사람을 죽이고, 성령(사랑)은 사람을 살린다."(고후 3:6) 율법〔philia〕으로 인해 죽음에 당면했던 여인〔eros〕은 그리스도〔agape〕로 말미암아 죽음으로부터 해방된 것이다. 이것이 그리스도의 복음이다.

그러나 이 세 양태의 사랑은 그 자체로서 선하고 악한 것은 아니다. 문제는 상호간의 상관관계에 있는 것이며, 궁극적으로는 사랑의 본질인 가치 생산 기능 여하에 달려 있다. 이것을 활성화하는 것이 사랑의 승화이다. 아가페는 모든 사랑을 승화하여 풍요로운 가치 창조를 초래하게 한다. 막달라 마리아의 에로스 사랑은 그리스도로 말미암아 '아가페'로 승화되었다. 이제 그의 사랑은 소유하는 것이 아니라 베푸는 것으로 변했던 것이다. 죽음으로부터 해방된 그에게는 아까운 것도 없고 두려운 것도 없었다. 그는 자기 소유의 전부라 할 향유를 통째로 들고 나와 그리스도의 발에 붓고 자기의 머리털로 닦아드림으로써 그에 대한 존경과 사랑을 나타낼 수 있었다.(요 12:3)

제자들마저 도피해버렸던 예수님의 십자가 현장까지 따라가서 그의 아픔에 동참한 이는 어머니 마리아와 막달라 마리아였다. 그로 인해 부활한 예수님을 본 첫 사람의 영광을 누린 이도 막달라 마리아였다.(요 20:16)

3. 빛과 사랑과 아름다움(9장)

맹인과 죄

나면서부터 눈먼 사람이 있었다. 제자들이 예수님께 물었다. 이 불행은 본인의 죄 때문입니까, 아니면 그의 부모의 죄 때문입니까? 여기에는 원인과 결과 곧 인과관계에 대한 이해의 혼돈이 있었다. 육신의 세계에는 생리학적 법칙이 있어 그 안에서의 인과관계가 있고, 영적 종교세계에는 종교적 원리가 있어 이에 의한 인과관계가 있다. 맹인이 된 것은 생물학적 원리에 의한 현상이요, 종교적 죄와는 무관한 일이다. 그런데 제자들은 이 둘을 하나로 직결한 이해 속에서 질문을 했다.

이것은 자연현상, 특히 자연재해 문제에 대한 이해에서도 흔히 일어나는 혼돈이다. 자연현상의 원인과 인간의 의지와는 별개의 것이다. 이에 대한 예수님의 응답은 분명했다.

"이 사람이 맹인으로 태어난 것은 본인의 죄 때문도 아니요, 그의 부모의 죄 때문도 아니다."(요 9:3)

그러면 왜 이러한 불행이 일어나는가? "그것은 이 사람을 통해 하나님이 하시는 일이 드러나게 하려는 것이다." 하나님이 하시는 일이란 그의 뜻인 아름다움을 창조하시는 사랑의 활동을 뜻한다. 사랑과 아름다움은 외적인 조건에 제약되지 않는다.

모든 사람에게는 그들에게 주어진 현실적 존재가 있다. 그리고 그 현존은 여러 가지 법칙의 인과관계를 따라 형성된 것이다. 자연적, 역사적, 인격적 법칙 등으로 인해 각양각색의 현존 속에서 살아간다. 그리고 사람들에게는 각기 자기에게 주어진 현실 존재 속에서 하나님의 뜻인 사랑과 아름다움이 실현되도록 살아가야 할 과제가 주어져 있다. 다시 말하면, 자기에게 주어진 삶을 소재로 하나님의 뜻인 아름다움을 창조하는 예술적 승화작업의 과제이다. 이 승화의 길을 열어주시고, 성취케 하시는 이가 예수 그리스도시다.

율법과 사랑

예수께서는 맹인의 눈에 진흙을 바르신 다음 실로암 물에 가서 씻으라고 말씀하셨다. "실로암"이란 "보내심을 받은 자"

라는 뜻이라 했다.(요 9:7) 곧 그리스도 자신을 뜻하는 것이며, 물이란 그리스도 안에서 흘러나오는 생명수를 뜻한다. 구체적으로는 복음에 의한 영생수이다.

육의 눈은 본디 하나님께서 흙으로써 만들어주신 육신의 눈이다. 육안으로는 하나님의 영의 세계를 볼 수 없다. 육안만 가진 사람은 결국 영적 맹인이다. 이러한 맹인의 눈에 예수께서 다시 흙을 바름으로써 영안을 재창조하신 것이다.

이로써 맹인은 이제 하나님의 영과 빛과 사랑의 세계를 볼 수 있는 새로운 영안을 갖게 되었다. 이것이 하나님께서 행하신 "놀라운 일"이었다.(요 9:3)

그런데 이날은 마침 안식일이었다. 일하지 말라는 하나님의 계명을 어긴 셈이다. 이에 율법학자와 바리새인 들은 예수님을 율법을 어긴 죄인으로 몰아세웠다. 그들에게는 사람이 중요한 것이 아니라 율법이 더 중요했다. 무엇보다도 맹인의 눈을 뜨게 한 것이 그리스도를 통해 하나님께서 행하신 "놀라운 일"이란 걸 보지 못한 영적 맹인들이었던 것이다. 이에 예수께서는 그들을 향해 이렇게 말씀하셨다.

"나는 이 세상을 심판하러 왔다. 못 보는 사람은 보게 하고, 보는 사람은 못 보게 하려는 것이다."(요 9:39)
"너희가 눈이 먼 사람들이라면, 도리어 죄가 없었을 것이다. 그러나 너희가 지금 본다고 말하니, 너희의 죄가 그대로 남아 있다."(요 9:41)

빛과 사랑과 아름다움

로고스-예수이신 그리스도는 이렇게 말씀하셨다.

"나는 세상의 빛이다. 나를 따르는 사람은 어두움 속을 걷지 아니하고 생명의 빛을 얻을 것이다."(요 8:12)

요한은 하나님에 대해 이렇게 증언했다.

"하나님은 빛이시다. 그의 안에는 어두움이 없다."(요일 1:5)
"하나님은 사랑이시다. 사랑 안에 있는 사람은 하나님 안에 있고, 하나님께서는 그 사람 안에 계시다."(요일 4:16)

하나님과 그리스도는 빛으로써 하나가 되신 분이며, 그 빛은 사랑과 생명으로 구성되어 있다. 사랑과 생명은 다 같이 창조하는 힘이다. 사랑이신 하나님은 그의 말씀인 '로고스'의 생명력을 통해 우주 만물과 인간을 창조하셨다. 그리고 그 "말씀 안에 생명이 있었으니, 이 생명은 사람들의 빛이었다."(요 1:4)

6일에 걸쳐 우주 만물을 창조하실 때에 하나님께서 첫 번째로 창조하신 것이 또한 빛이었다. 그리고 "그 빛이 하나님 보시기에 좋았다"고 하셨다.(창 1:3, 4) 빛이 있어 볼 수 있는 것이며, "보기에 좋다"는 말은 '아름답다'는 뜻이다.

6일에 걸쳐 천지 만물을 창조하신 하나님께서는 하루가 끝날 때마다 "보시기에 좋았다." 곧 아름답다고 말씀하셨다. 그리고 마지막 날에는 "하나님께서 창조하신 모든 것을 보시니, 보시기에 매우 아름답다"고 하셨다.(창 1:31)

하나님이 창조하신 우주 만물과 인간은 그의 뜻인 '아름다움'을 형상화하신 예술작품이다. 그러므로 우주와 인간의 존재 이유는 하나님의 뜻인 아름다움을 드러내는 데 있다. 아름다움은 빛을 통해 창조되는 것이며, 그 창조활동이 사랑이다. 사랑은 대상을 아름답게 만든다. 아름답기 때문에 사랑하는 것이기에 앞서, 사랑하기 때문에 아름다워지는 것이다.

예수님은 시종일관 하나님의 인간에 대한 사랑과 인간 상호간의 사랑을 강조하고 있다. 그것은 사랑이 아름다움을 낳는 것이며, 그 아름다움의 실현이 바로 하나님의 뜻이요, 모든 존재의 존재이유이기 때문이다.

V

그리스도와 죽음

1. 그리스도의 죽음(10장)

선한 목자

"나는 선한 목자다. 선한 목자는 자기의 양을 위하여 목숨을 바친다."(요 10:11)
"나는 내 양들을 위하여 내 목숨을 바친다."(요 10:15)

선한 목자는 자기의 양을 사랑하기 때문에 자기의 목숨을 바쳐 외적으로부터 자기의 양들을 보호한다. 그리스도는 선한 목자요, 우리는 그의 양이다.

사람은 죽는다. 그리고 죽음에는 여러 가지 형태가 있다.

첫째는 자연사이다. 늙고 병들어 죽는 죽음이다. 둘째는 타살이다. 누군가에 의해 또는 뜻하지 않은 사고로 죽는 죽음이다. 셋째는 자살이다. 자기의 의지로 자기의 목숨을 끊는 죽음이다. 넷째는 타자에 대한 사랑 때문에 자기의 목숨을 스스로 바치는 죽음이다. 그 전형적인 것이 조국을 위해 자신의 생명을 바치는 애국지사나 군인 들이다.

선한 목자이신 그리스도의 죽음은 바로 이 네 번째 유형의 죽음이었다. "누가 내게서 목숨을 뺏어가는 것이 아니라 내가 스스로 바치는 것이다"라고 하셨다.(요 10:18) 그러나 그리스도의 삶과 죽음은 스스로 결정한 것은 아니다. 그는 다만 자기를 보내신 하나님 아버지의 뜻에 따라 복종하는 것뿐이다. 그리고 하나님의 뜻이 무엇인가에 대해 요한은 이렇게 요약했다.

"하나님이 세상을 이처럼 사랑하사 독생자를 주셨으니, 누구든지 저를 믿으면 멸망치 않고 영생을 얻으리라."(요 3:16)

여기에 "주셨다"는 말은 하나님께서 죽음을 향한 인간들을 살리시기 위해 그의 아들 그리스도를 십자가 위에서 죽게 하셨다는 뜻이다.

십자가에서의 죽음

예수께서는 일찍이 "내 살을 먹고 내 피를 마시는 사람은 영원한 생명을 누릴 것이고, 나는 마지막 날에 그를 살릴 것이다."(요 6:54) "내 살을 먹고 내 피를 마시는 사람은 내 안에서 살고, 나도 그의 안에서 산다"고 하셨다.(요 6:56)

예수께서는 또한 유월절에 제자들과 마지막 만찬을 드시면서 이러한 말씀을 하셨다. 떡을 떼어 감사의 기도를 올리신 다음 그것을 떼어 나누어주시면서 "이것은 너희들을 위하여 내어주는 내 몸이다." 식사 후에는 다시 잔을 들어 그와 같이 하시면서 말씀하셨다. "이것은 내 피로 맺는 새로운 계약의 잔이다."(눅 22:19, 20)

'유월'이란 뛰어넘는다는 뜻이다. 이것은 하나님께서 애굽의 노예로 있던 이스라엘 사람들을 구하시기 위해 애굽인의 맏아들을 위시로 모든 첫 생명체를 죽이실 때에 생긴 일이다.

이스라엘 사람들은 어린양을 잡고 구워먹되, 그 피는 집 문설주에 바르도록 했다. 그리하여 그 피가 있는 집은 죽음의 천사가 뛰어넘어감으로 죽음으로부터 구원받게 한 것이다.(출 12:12, 13) 이로 인해 그들은 애굽의 노예생활로부터 해방되었다. 유월절이란 곧 해방절을 뜻한다.

이제 예수께서 십자가에 달려 피를 흘리신 것은 바로 이 유월절의 어린양이 되신 것이다.(요 1:29) 다만 그리스도의 피와 살은 유대 민족뿐만 아니라 모든 인간을 죄와 죽음으로부터 해방하는 우주적인 제2의 유월절을 초래한 사건이었다. 이제 우리는 그의 피와 살을 먹고 마심으로써 생명과 자유를 얻게 되었다. "내 피로 맺는 새로운 계약"이라고 한 것은 일찍이 예레미야를 통해 예언하신 말씀의 성취를 뜻한다.

> "그때가 오면, 내가 이스라엘과 유다가문과 새 언약을 세우겠다. …… 내가 그들의 허물을 용서하고, 그들의 죄를 다시는 기억하지 않겠다. 나 주의 말이다."(렘 31:31,34)

그 배후에는 그리스도께서 십자가에 달려 돌아가심으로써

우리의 죗값을 대신 치러주신 선한 목자의 죽음이 있다.

"그는 실로 우리가 받아야 할 고통을 대신 받고, 우리가 겪어야 할 슬픔을 대신 겪었다."(사 53:4)

양의 문

"나는 양들이 드나드는 문이다. …… 누구든지 이 문으로 들어오면 구원을 받고, 드나들며 풀을 얻을 것이다. …… 나는 양들이 생명을 얻고 더 얻어서 풍성함을 얻게 하려고 왔다."(요 10:7-10)

그리스도의 문이란 그의 십자가의 죽음과 부활로써 구성된 복음의 문이다. 그리스도의 문을 드나드는 사람이란 그의 십자가에 동참함으로써 나와 이 세상에 대하여는 죽고, 그리스도와 함께 영체로 부활한 새로운 존재를 뜻한다. 그리스도는 아버지 하나님과 자기는 하나라고 했다.(요 10:30) 그러므로 그리스도의 문을 드나드는 사람은 하나님의 생명을 얻게 된다는 말이다. 곧 영적인 자유와 빛의 아름다움 그리고 사랑의 기쁨으로 충만한 생명이다. 이것이 새로운 존재가 지닌 영생이다.

영생이란 육신의 죽음 너머에서 비로소 시작되는 생명이 아니라 시간과 공간을 넘어 계시는 하나님 안에서 지금 여기에서 사는 생명이다. 곧 영원한 현재 또는 현재에서 하나님의 영원한 생명을 호흡하며 사는 것을 뜻한다.

> "내 말을 듣고 나를 보내신 분을 믿는 사람은 영생을 얻고 심판을 받지 않는다. 그는 죽음에서 생명으로 '이미' 옮겨간 것이다."(요 5:24)

그리스도의 복음의 문을 통해 얻어지는 풍요로운 생명이란 이 세상적인 부귀영화를 뜻하는 것은 아니다. 각자에게 주어진 삶의 양적인 성장이 아니라 질적인 변화를 뜻한다. 각자에게 주어진 삶의 현실 안에서 영원하신 하나님의 생명을 호흡하며 살게 된다는 말이다.

2. 사람과 죽음(11장)

나사로의 죽음

예루살렘 가까이에 있는 베다니에는 예수께서 사랑하시던 세 남매가 살고 있었다. 봉사하기를 좋아하는 마르다와 그의 동생 마리아 그리고 그들의 오라비 나사로가 그들이다. 마리아는 예수님의 발에 향유를 붓고 자기 머리털로 닦아드리던 막달라 마리아일 것이다.

그런데 나사로가 병을 앓다가 죽었다. 육신을 가진 사람은 죽음을 향한 존재이다. 그 시기와 원인은 각기 다르지만 모든 사람은 죽는다. 나사로는 병으로 인해 죽었다.

마르다와 마리아는 슬픔에 잠겨 있었다. 예수님도 눈물을 흘리셨다.(요 11:35) 죽음이란 사랑하는 이들과의 이별이요, 슬픈 일이다. 죽음이란 어느 모로 보나 불행한 일이다. 그러나 이것은 모두 주변 사람들의 반응일 뿐이고, 죽은 나사로 자신의 죽음에 대한 이해는 아닐는지도 모른다. 그가 다시 살아난 후에도 자신의 죽음 체험에 대한 언급이 없었다. 죽음의 세계는 하나의 신비로 남아 있다.

구약성서의 죽음 이해의 기저를 이루고 있는 것은 죽음에 대한 혐오와 삶에 대한 찬양이다. 이스라엘의 하나님은 산 자의 하나님이요, 죽은 자의 하나님이 아니다. 하나님은 생명의 근원이며, 삶의 기쁨은 하나님의 축복이다. 따라서 죽음은 하나님을 떠난 자에 대한 형벌이요, 죄의 대가이다.(창 3:19)

그러나 신약성서의 죽음 이해에는 양면적인 것이 있다. 죽음은 생명의 부정이기 때문에 그 자체는 극복해야 할 대상이다. 그러나 우리의 죽음은 그리스도의 죽음으로 말미암아 이미 극복된 것이기 때문에, 죽음이 이제는 영원한 생명 곧 부활의 세계로 들어가는 관문이 되었다.

인간의 죽음 역시 인간의 구성요소에 따라 세 유형으로 나누어볼 수 있다.

하나는 육체와 결부된 감성적 죽음이다. 이것은 모든 생물에게 공통된 필연적인 죽음이다. 사람은 누구나 다 육체적으로 죽음을 맞이한다. 이것이 죽음 이해의 기저를 이루고 있다.

둘째는 이성적인 죽음이다. 이성을 잃은 사람은 비록 육체가 살아 있다고 해도 정신적으로는 이미 죽은 사람이다.

셋째는 영적인 죽음이다. 육신과 지성이 발달된 사람일지라도 영성에 눈뜨지 못한 사람은 영적으로 죽은 사람이다.

그러나 인간의 죽음은 생명이 그렇듯이 통전적인 것이다. 인격 전체가 일단은 죽음을 맞이한다. 하지만 죽음을 타파하신 그리스도 안에서 사는 사람은 그와 함께 새로운 존재로 부활함으로써 죽음을 극복하게 되는 것이다.

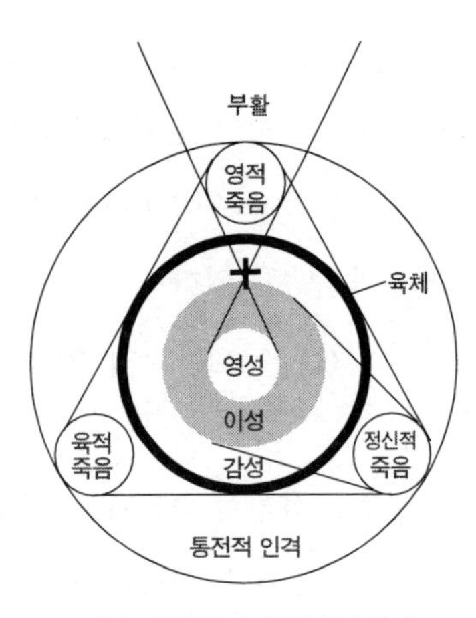

인간의 구성과 죽음의 3양태

죽음의 극복

갈릴리에서 나사로가 죽었다는 소식을 들은 예수님은 다

시 베다니로 돌아왔다.

예수님을 마중 나온 마르다의 첫 마디는 "주님께서 여기 계셨더라면 제 오라비는 죽지 않았을 것입니다"였다. 이에 대한 예수님의 대답은 "네 오라비는 다시 살아날 것이다"였다. "네, 마지막 날 부활할 때에 다시 살아나리라는 것을 저도 알고 있습니다." 이것이 마르다의 이해였다. 그러나 예수님의 부활에 대한 이해는 그렇지 않았다.

> "내가 곧 부활이요 생명이다. 나를 믿는 사람은 죽어도 살겠고 살아서 믿는 사람은 영원히 죽지 아니하리라."(요 11:25-26)

죽음은 삶의 부정이기 때문에 살아 있는 사람에게 죽음은 마땅히 극복해야 할 대상이다. 모든 종교는 어떠한 형태이든 죽음의 극복을 그 중심 과제로 삼고 있다. 기독교 역시 죽음을 극복하고, 풍성한 삶을 이루게 하는 종교이다. 그리스도는 바로 이 일을 위해 오신 분이다. 그는 십자가의 죽음과 부활을 통해 이 일을 성취하셨다. 그러므로 우리는 이것을 복된 소식 곧 복음이라고 한다.

나사로를 장사지낸 마르다는 슬픔과 실의에 빠져 있었다. 그러나 예수께서는 "나사로가 다시 살리라"고 하신 것이다. 부활하리라는 뜻이다.

신약성서의 중심은 하나님을 떠난 죄의 대가인 죽음을 그리스도 안에서 극복하고, 그리스도와 함께 부활한다는 신앙에 있다. 그러나 구약성서에서는 부활신앙이 변두리의 부속같이 되어 있다. 고난 속에 있는 유대 민족을 격려하기 위해 묵시문학적 부활사상을 적고 있다. 그 전형적인 것이 바벨론에 포로가 되어 절망 중에 있는 이스라엘 민족의 부활을 적은 에스겔서이다.(겔 37:1-28)

개인의 부활에 대해서도 이국 왕의 박해 안에 있는 이스라엘 사람들에게 희망을 주기 위해 인격적 부활을 말하고 있다.

"세상 끝날에는 땅속 티끌 가운데서 잠자는 사람 가운데서도 많은 사람이 깨어날 것이다. 그들 가운데 어떤 사람은 영원한 생명을 얻을 것이고, 어떤 사람은 수치와 함께 영원히 모욕을 받을 것이다."(단 12:2)

마르다는 이러한 묵시문학적 종말론을 알고 있었다. "마지막 날 부활 때에" 나사로도 다시 살아날 것을 알고 있었다. 그러나 예수님의 부활 이해는 그것이 아니었다.

죽음이란 생명의 근원인 하나님과의 단절을 의미한다. 그런데 그리스도는 하나님의 말씀인 로고스가 인간이 되어 오신 '로고스-예수'이다. 그의 안에서 하나님과 인간은 하나가 되어 있다. 여기에 그리스도가 갖는 영원한 생명의 뿌리가 있다. 그러므로 예수께서는 "내가 곧 부활이요, 생명이라"고 하신 것이다.

따라서 그를 믿고 받아들인 사람은 비록 육신이 죽더라도 그리스도 안에 있는 생명으로 말미암아 산 자가 될 것이다. 그리고 그것은 미래의 마지막 날에 가서 비로소 일어날 사건이 아니라 지금 여기에서 시작되는 사건이다.

> "내 말을 듣고 나를 보내신 분을 믿는 사람은 영원한 생명을 얻을 것이다. 그 사람은 (미래의) 심판에 이르지 아니하고, 죽음의 세계에서 떠나 '이미' 생명의 세계로 옮겨진 것이다."(요 5:24)

그러므로 "살아서 믿는 사람은 영원히 죽지 않을 것이다." 이것을 역사적 사건으로써 확립한 것이 예수님의 십자가와 부활이다. 그는 인간이 되심으로 인간과 하나가 된 하나님의 말씀이다. 그러므로 그의 십자가 위에서의 죽음은 죽음을 향한 인간을 대신하여 미리 죽은 사건이다. 인간의 죽음을 죽인 우주적 사건이다.

이로써 그리스도 안에 있는 사람들에게는 죽음이 사라지고, 새로운 생명의 세계가 시작되었다. 이것이 그리스도의 부활로 일어난 우주적 사건이다. 이 사실을 믿고 받아들이는 그날에는 "너희들이 내가 아버지 안에 있고, 너희들은 내 안에 있고, 나는 너희들 안에 있다는 것을 깨닫게 되리라"(요 14:20)고 하셨다.

곧 그리스도 안에서 하나님과 하나가 될 때 우리는 죽음에서 벗어나 하나님의 영원한 생명 속에서 살게 되는 것이다. 그리고 이것은 결코 육체적 죽음 너머의 미래에서 일어날 사건이 아니라, 믿음으로 그리스도와 하나가 되는 지금 여기에서 성취되는 사건이다. "살아서 믿는 자는 영원히 죽지 아니하리라"는 것이 예수님의 단언이다.

제3의 생일

부활과 생명이신 그리스도를 모신 인격은 이미 죽음을 향한 존재를 벗어나 영원한 생명을 호흡하며 사는 존재가 되었다. 우리는 이제 그리스도를 모시고 하나님 안에서 자유와 평화와 사랑의 기쁨을 누리며 창조적 인생을 살아가는 새로운 존재로 거듭난 것이다. 이것은 제2의 생일이다.

그러나 우리 인격의 일부를 구성하고 있는 육신만은 여전히 썩어 없어질 죽음의 사슬에서 벗어나지 못하고 있다. 육체의 죽음과 소멸은 과연 어떻게 이해해야 할 것인가? 이 문제에 대해 명확한 이해를 가진 이는 바울이었다.

> "우리는 낙심하지 않습니다. 우리의 겉사람은 낡아가나 우리의 속사람은 나날이 새로워 갑니다. …… 우리는 보이는 것을 바라보는 것이 아니라 보이지 않는 것을 바라봅니다. 보이는 것은 잠깐이지만 보이지 않는 것은 영원하기 때문입니다. 땅에 있는 우리의 장막집이 무너질 때에는 하나님께서 마련하신 집 곧 사람의 손으로 지은 것이 아닌 하늘에 있는 영원한 집이 우리에게 있는 줄을 압니다. …… 우리가 이 장막집을

벗을지라도 벌거벗은 몸으로 드러나지 않을 것입니다. ……
이런 일을 우리에게 마련해 주시고, 그 보증으로 성령을 우리에게 주신 분은 하나님이십니다."(고후 4:16-5:5)

육체는 나날이 낡아가고 있다. 머지않아 죽음을 맞이하게 되는 것이 육신이다. 그러나 우리 속에 있으면서 인격 전체를 주관하고 있는 영적 속사람은 하나님의 생명을 지닌 존재이기 때문에 나날이 새로워지고 있다. 겉사람이 땅을 향해 나날이 하향길을 달리고 있다면 속사람은 하늘을 향해 나날이 상향길을 달리고 있다. 이 두 길이 만나는 시점에 죽음이 있고, 그 연장선상에 부활한 내세가 있다.

죽음의 시점에서 우리가 지금 들어 있는 육신의 장막집은 무너진다. 그러나 우리는 벌거숭이가 되는 것이 아니다. 몸이 없는 영혼만의 유령이 되는 것이 아니다. 하나님께서는 그가 준비하신 새로운 몸 곧 하늘에 속한 영원한 영체를 우리에게 주신다. 이로써 우리는 제3의 생일을 맞이하는 것이다.

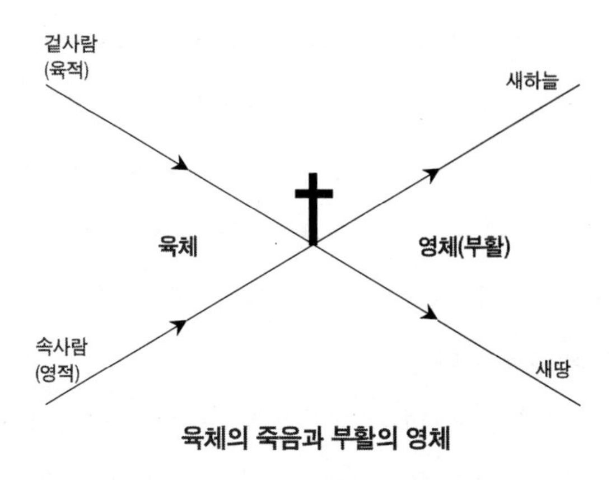

육체의 죽음과 부활의 영체

"하늘에 속한 몸도 있고, 땅에 속한 몸도 있습니다. 하늘에 속한 몸들의 영광과 땅에 속한 몸들의 영광이 저마다 다릅니다. …… 죽은 사람들의 부활도 이와 같습니다. 썩을 것으로 심는데 썩지 않을 것으로 살아납니다."(고전 15:40-42)

죽은 사람이 하늘에 속한 영체를 가지고 부활하게 된다는 것은 하나님이 행하시는 일이요, 하나님께서 성령을 통해 보증해주신 진리이다.

그러면 이러한 죽은 자의 부활이 과연 언제 일어나는 것일까? 그것은 육신의 죽음과 동시에 일어난다. '마지막 날'이란 개인에게 있어서는 육신이 죽는 날이다.

그리스도 안에서 하나님의 자녀가 된 영원한 인격에는 중단이 있을 수 없다. 인격이란 몸을 가진 존재이다. 몸이 없는 벌거벗은 영혼일 수는 없다. 다만 육체인 몸이 죽음과 동시에 영체로 바뀔 뿐이다.

죽은 자의 부활 시기에 대한 마르다의 이해는 묵시문학적인 종말론에 의거하고 있었다. 세상이 끝나는 미래에 나사로도 다시 살아날 것을 알고 있다고 했다. 그러나 예수님은 이러한 묵시문학적인 종말론을 부인했다. "내가 곧 부활이요 생명이다. 나를 믿는 사람은 죽어도 살겠고, 살아서 믿는 사람은 영원히 죽지 아니하리라." 그리스도 안에 있는 사람에게는 죽음과 부활 사이에 시간적 간격이 없는 것이다.

예수께서는 그와 함께 십자가에 달린 회개한 죄인을 향해 이렇게 말했다.

> "내가 진정으로 네게 말한다. 너는 오늘 나와 함께 낙원에 있을 것이다."(눅 23:43)

3. 죽음과 복음 원리(12장)

마리아의 향유

그리스도가 당하실 십자가의 죽음은 하나님의 뜻이요, 그는 이것을 위해 오셨다. 그러나 죽음을 앞에 둔 인간 예수로서의 마음은 괴로웠다.(요 12:27) 이때에 그가 찾아간 곳은 베다니였다. 그곳에는 예수께서 사랑하시던 마리아와 마르다 그리고 그가 살린 나사로가 함께 살고 있는 가정이 있었기 때문이다.

그들은 예수님을 환영하는 큰 잔치를 열었다. 나사로는 손님들과 함께 식탁에 앉아 있었고, 마르다는 음식 시중을 들고 있었다. 그때에 마리아는 값진 향유를 들고 나와 예수님 발에 붓고 자기의 머리털로 그 발을 닦아드렸던 것이다. 이러한 값진 향유는 그들의 보물이었다. 그것을 아낌없이 예수님의 발에 붓고 닦아드린 것이다.

이것을 본 손님들은 물론이고, 예수님의 제자들마저도 이해할 수가 없었다. 왜 그것을 팔아서 가난한 사람들을 도와주지 않고 낭비하느냐고 힐난했다. 그러나 예수께서는 그들에게 말씀하셨다. "이 여인의 일에 간섭하지 말라. 이는 내 장례를 예비하는 일이다. 가난한 사람들은 언제나 너희들과 함께 있지만 나는 언제나 함께 있는 것이 아니다."(요 12:7, 8)

합리적 이성만으로는 사랑의 신비를 이해할 수 없다. 그리스도의 사랑은 바리새인들의 율법으로부터 막달라 마리아를 살렸고, 또한 죽음으로부터 나사로를 살리셨다. 죽었다가 다시 살아난 사람에게는 이 세상 소유물의 가치와 의미가 달라진다. 더구나 죽음을 목전에 둔 스승을 위해서는 아까울 것도 없고 못 할 것이 없다.

한 걸음 더 나아가, 예수께서는 이 향유로 발을 씻는 것은 자신의 장례를 예비하는 것이라 했다. 당시 풍속으로는 죽은 사람의 시체를 향유로 씻어 장례했다고 한다. 마리아의 향유 사건은 낭비가 아니라 역사적인 아름다움이요, 예술이다. 예수께서는 이것이 앞으로 길이길이 전해질 사건이라 했다.

예루살렘 입성

예루살렘은 이스라엘의 수도이다. 이스라엘이란 '하나님이 지배하신다'는 뜻이요, 예루살렘은 '평화의 기초'라는 뜻을 가진 히브리어이다. 하나님이 지배하시는 평화의 초석인 예루살렘은 결국 평화를 추구하는 인류 역사의 중심지가 된다는 말이다. 따라서 구세주의 사건은 마땅히 이곳 예루살렘에서 일어나야만 했다.

예수께서는 드디어 예루살렘으로 입성하셨다. 사람들은 호산나를 외치며 그를 환영했다. 그러나 그의 입성은 군마를 탄 당당한 왕의 모습이 아니라 작은 나귀 새끼를 탄 초라한 모습이었다. 이것은 이미 스가랴가 말한 예언의 성취였다.

> "도성 시온아, 크게 기뻐하여라. 도성 예루살렘아, 환성을 올려라. 네 왕이 네게로 오신다. 그는 공의로우신 왕, 구원을 베푸시는 왕이다. 그는 온순하셔서 나귀 곧 나귀 새끼인 어린 나귀를 타고 오신다."(스 9:9)

그리스도는 결코 이 세상의 정치적인 평화의 왕이 아니라 영적인 우주적 평화의 왕이시다. 빌라도가 예수님을 불러놓고 "당신이 유대인의 왕이요?"라고 물었을 때, 그는 그렇다고 했다. 그러나 "내 왕국은 이 세상의 것이 아니다"라고 하셨다.

(요 18:33, 36)

복음 원리

기독교의 복음은 역사적 예수의 성육신과 그의 십자가의 죽음과 부활로써 구성되어 있다. 이것은 예수를 하나님의 아들로 믿는 자 곧 그리스도인들의 신앙적 진리이다. 그러나 한편, 복음적 진리 속에는 일반 원리가 또한 내포되어 있다.

예수께서는 그를 찾아온 그리스 사람들을 위하여 자신의 십자가와 부활의 복음을 일반 원리로써 설명하셨다.

"밀알 하나가 땅에 떨어져 썩지 않으면 한 알 그대로 남아 있고, 죽으면 많은 열매를 맺는다."(요 12:24)

이것은 예수님의 십자가상의 죽음의 의미가 무엇인가를 단적으로 설명한 일반 원리였다.

"누구든지 자기 목숨을 사랑하는 사람은 목숨을 잃을 것이고, 이 세상에서 자기의 목숨을 미워하는 사람은 목숨을 보전하

여 영원한 생명을 누릴 것이다."(요 12:25)

이것은 그리스도의 십자가와 부활의 복음을 믿고 받아들인다는 것이 무엇을 의미하는가에 대한 일반 원리이다. 해방을 초래하는 생명의 원리이다. 이것이 바로 복음 원리이다.

VI

그리스도와
새로운 존재

1. 최후의 만찬과 제2의 해방(13장)

최후의 만찬

그리스도는 인간의 죄를 없이 하기 위하여 보내심을 받고 인간이 되어 오신 하나님의 아들이다. 그의 사명은 인간의 죗값인 죽음을 대신하여 십자가 위에서 죽는 일이다. 인간으로서는 사형을 받아야 하는 것이며, 이 일이 목전에 다가와 있었다.

인간 예수의 마음은 심란했고, 이 일을 피하게 해달라고 기도하기도 했다. 그러나 그는 "아니다. 내가 온 것은 바로 이 고난의 시간을 겪는 데 있다"고 하셨다.(요 12:27) 그리고 예수께서는 사랑하는 제자들과 함께 마지막 만찬을 드셨다. 사랑하는 이들과의 송별연을 가진 셈이다.

그런데 이날이 바로 유대 민족의 해방절인 유월절 전날이었다. 말하자면 한 민족의 해방절을 기해, 인류가 죄로부터 해방될 제2의 해방절을 준비하는 만찬회를 연 것이 된다.

유월절이란 유대 민족의 출애굽을 초래한 그들의 최후의 만찬을 기념한 데서 온 명절이다. 곧 어린 숫양을 잡아서 고기는 구워먹고, 그 양의 피는 그들의 문설주에 바르도록 했다. 그리하여 하나님께서 애굽에 사는 모든 첫 생명을 치실 때에 그 피가 있는 집은 뛰어넘어감(유월)으로 구원을 받게 한 것이다.

이제 하나님의 어린양이신 그리스도(요 1:29)가 십자가에 달려 피를 흘리게 되는 것은 바로 이 유월절의 양이 되는 사건이다. 다만, 유월절이 유대인들의 해방절이었다고 한다면 그리스도의 십자가는 온 인류의 인격적 구원을 초래하는 제2의 유월절이 되는 셈이다. 이 사실에 대해 공관복음서들은 좀 더 구체적으로 설명하고 있다. 곧 최후의 만찬석상에서 제자들에게 떡을 떼어 나눠주시면서 "이것은 너희들을 위하여 내어주는 내 몸이다"라 하셨다. 그리고 또한 포도주 잔을 돌리면서

"이것은 내 피로 맺은 새로운 계약의 잔"이라 하셨다. 그리고 "나를 기념하여 이 예를 행하라"고 하셨다.(눅 22:14-20)

이것이 기독교의 복음과 신앙의 기초를 이루고 있으며, 이것을 예식화한 것이 교회의 성찬식이다.

세례와 수도생활

만찬이 끝날 무렵, 예수께서는 수건을 허리에 차고, 대야에 물을 떠서 제자들의 발을 차례로 씻겨주었다. 이것은 종이 주인에게 행하는 관례에 속한 일이다. 베드로의 차례가 되자 그는 이것을 완강히 거절했다. 어떻게 스승께서 제자의 발을 씻어준다는 말인가?

이에 예수께서는 내가 네 발을 씻어주지 않으면 너와 나는 상관이 없는 사람이 된다고 하셨다. 이 말에 놀란 베드로는 그렇다면 내 발뿐만 아니라 몸 전체를 씻어달라고 요청했다. 그러자 예수께서는 이렇게 말씀하셨다.

"목욕한 사람은 온 몸이 깨끗해서 발만 씻으면 된다. 너희들은 이와 같이 깨끗하다."(요 13:10)

예수께서 오신 것은 세상을 심판하기 위해서가 아니라 구원하기 위해서다.(요 12:43) 이 구원은 조건부가 아니라 하나님의 일방적인 사랑의 선물이다. 그러므로 누구든지 이 사실을 믿고 받아들이기만 하면 하늘나라의 축복을 받는다.(요 3:16) 이 믿음의 결단을 예식화한 것이 세례식이다.

그러므로 세례를 받고 그리스도의 제자가 된 사람은 목욕한 사람과 같이 깨끗한 존재가 된다. 이것은 전적으로 하나님의 사랑과 그리스도의 십자가의 공로에 의한 선물이다. 그러나 한편, 이 세상을 걸어 다니며 살아야 하는 그리스도인의 현실 생활이 항상 깨끗할 수만은 없다. 발에는 먼지가 묻기 마련이다. 따라서 구원받은 그리스도인들도 매일 자신의 발을 씻어야만 한다. 그리고 그 발 씻는 일도 그리스도에게 맡기는 것이 신앙생활이다.

항상 기도하며 사는 수도자의 길을 걸어야만 한다. 수도의 길은 사람마다 다르다. 다만 예수께서 제시하신 최상의 수도의 길은 서로 남의 발을 씻겨주는 사랑의 길이었다.(요 13:14-18)

사랑의 계명

만찬이 끝난 뒤 예수께서는 유언을 하듯이 하나의 새로운 계명을 주시었다.

"나는 너희들에게 새 계명을 하나 준다. 서로 사랑하여라. 내가 너희들을 사랑한 것 같이 너희도 서로 사랑하라. 너희가 서로 사랑하면 이로써 모든 사람들이 너희가 내 제자인 줄 알리라."(요 13:34, 35)

예수께서 사랑의 중요성에 대하여는 이미 말씀하셨다. 율법학자가 예수님께 모든 계명 중에 어느 것이 제일이냐고 물었을 때, 그는 이렇게 대답했다.

"네 마음을 다하고 목숨을 다하고 뜻을 다하고 힘을 다하여 주 너의 하나님을 사랑하라 하신 것이요, 둘째는 이것이니 네 이웃 사랑하기를 네 몸과 같이 하라 하신 것이니, 이보다 더 큰 계명은 없다."(막 12:30, 31)

기독교의 상징인 십자가의 형상은 바로 이 두 계명을 표현한 것으로도 보인다. 십자가의 종선(縱線)은 하나님과 인간의 사랑 관계를 표현한 것이요, 횡선(橫線)은 사람과 사람 사이의 사랑 관계를 표현한 것이라 하겠다. 그리고 그 십자가의 중심에 있는 이가 하나님의 사랑인 그리스도시다.

바울 역시 기독교의 신앙에 대해 이렇게 말했다. "믿음과 소망과 사랑, 이 세 가지는 항상 있을 것인데 그중의 제일은 사랑이라."(고전 13:13)

그런데 이 만찬석상에서 새삼스럽게 예수께서 사랑하라고 하시면서 "새 계명"이라고 하신 뜻은 무엇이겠는가? 그가 강조하신 것은 "내가 너희를 사랑한 것 같이 서로 사랑하라"는 것이었다. 그리스도의 사랑은 자기희생적인 사랑이었다. "친구를 위하여 목숨을 버리면 이보다 더 큰 사랑은 없다"고도 하셨다.(요 15;13) 이러한 사랑을 서로 나누며 살라는 것이다.

그러나 이러한 사랑이 과연 우리에게 가능한 것일까? 천성이 이기적인 자연인으로서는 불가능한 일이다. 하지만 이러한 사랑을 가능케 하시는 이가 있다. 그분이 곧 그리스도의 영이신 성령이시다. 믿음으로 말미암아 내 안에 계시게 된 그리스도가 곧 성령이며, 이 성령의 힘으로 말미암아 모든 것이 가능해진다. 이러한 뜻에서 그리스도가 주신 사랑의 계명은 "새로운"것이다. 여기에 제2의 해방을 받은 그리스도인들의 생활윤리가 있다.

2. 복음적 실존(14장)

우주의 통로

예수님의 죽음을 앞두고 열린 최후의 만찬에 참석한 제자들의 마음은 불안하기만 했다. 그러나 예수님은 말씀하셨다.

"너희는 불안해하지 말라. 하나님을 믿고 또 나를 믿어라. 내 아버지의 집에는 있을 곳이 많다."(요 14:1, 2)

시간과 공간에 제약된 이 세상만이 우리가 있을 곳인 줄 아는 사람들에게 죽음은 절망이요, 불안의 근원이다. 그러나 하나님의 집은 넓고 있을 곳이 많다. 하나님의 집은 시공우주뿐만 아니라 영성우주까지 포함한 통전적 대우주이기 때문이다.

"나는 너희들이 있을 곳을 마련하려고 간다. 내가 가서 너희가 있을 곳을 마련하면, 다시 와서 너희를 데려다가 내가 있는 곳에 함께 있게 하겠다."(요 14:3)

예수님은 본시 영성우주에 속한 하나님의 아들이요, 천지창조에 참여한 하나님의 말씀이었다. 그러나 그는 "자기를 없이 하시고, 종의 모습을 취하여 사람과 같이 되셨다."(빌 2:7) 말씀이 육신이 되어 오신 이가 예수님이다.(요 1:14)

예수님은 이제 십자가를 통해 그의 본처로 돌아가셨다가 부활하심으로써 다시 돌아오게 된다. "나는 너희를 고아들처럼 버려두지 않고, 너희에게로 다시 돌아오겠다." 그것은 우리를 하나님의 대우주로 데려가기 위해서이다.

우리는 이제 그리스도의 가고 오심 곧 그의 십자가와 부활로 말미암아 시공우주를 넘어서 하나님의 통전적 대우주에서 살게 된 것이다. 달리 말하면, 로고스의 성육신으로 말미암아 창조된 제3우주 안에서 살게 된 것을 뜻한다.

'로고스-예수'인 그리스도는 그 존재 자체가 영성우주와 시공우주 사이의 다리이다. 그런데 그가 다시 두 우주 사이를

오고 가심으로써 통로를 만드신 것이다.

예수님은 "내가 곧 길이요, 진리요, 생명이다"라고 했다.(요 14:6) 참 생명이신 하나님에게로 가는 통로라는 말이다. 이것이 동양의 성현들이 추구하고 터득하려는 도(道)이다. 그러므로 우리는 그를 통해 하나님의 대우주로 들어가는 것이며, 영원한 생명을 얻을 수 있게 된다. 보다 구체적으로 예수님의 십자가와 부활에 동참함으로써 하나님의 통전적 우주에서 살 수 있게 되었다. 곧 그리스도를 믿고 받아들임으로써 하나님의 자녀된 특권을 누리게 되는 것이다.

십자가를 믿는다는 것은 예수님의 십자가에 동참하여 나와 이 세상에 대한 욕심과 집착으로부터 떠난다는 뜻이다. 그 때에 우리는 예수님과 함께 새로운 존재로 부활하게 된다.(롬 6:3-5, 고후 5:17) 새로운 존재란 시공을 넘어선 하나님의 영원한 세계의 시민이 되는 것을 의미한다.

우리는 믿음으로 말미암아 이 세상에 살아 있으면서 그리스도의 죽음에 동참한다. 그렇기 때문에 우리는 이 세상에서 이미 예수님의 부활에 동참하는 것이며, 이미 통전적 제3우주의 시민으로서 하나님의 자녀된 특권을 누리며 살아간다. 그

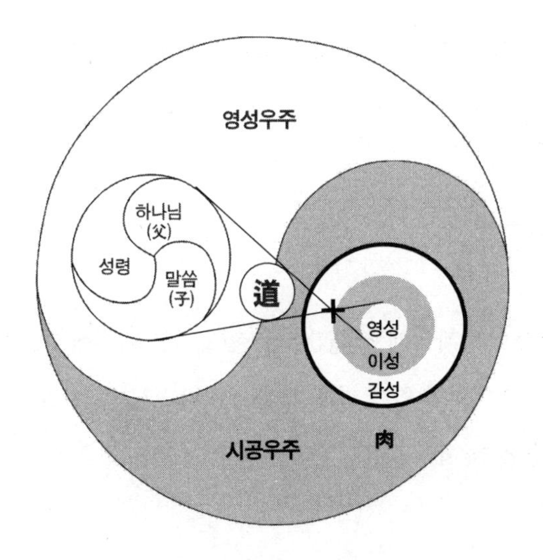

통전적 우주와 道(그리스도)

것은 곧 자유와 평화와 사랑의 기쁨 속에 창조적 삶을 살아가는 것이다.

그런데 우리에게는 결정적인 믿음의 역사적 순간이 온다. 그것은 곧 육신의 죽음이다. 십자가를 믿음으로 모든 집착에서 떠나려고 했던 것이 이제는 육신의 죽음으로써 확실한 역사적 현실이 되는 것이다. 따라서 우리의 부활 역시 그러하다. 그리스도의 부활에 동참하는 믿음으로 얻었던 희미한 자유와 평화가 그리스도 안에서 죽고 다시 부활한 사람에게는 확실한 실존으로 나타나게 되는 것이다.

성령의 역사

"내가 아버지에게 청하면 다른 협조자를 너희에게 보내셔서, 영원히 너희와 함께 있게 하실 것이다. 그분은 진리의 영이시다."(요 14:16)

여기에 통전적 우주의 주인 되시는 하나님의 세 양상이 드러난다. 첫째는 창조주 되시는 아버지 하나님이요, 둘째는 구원자 되신 아들 하나님인 그리스도요, 셋째는 그 아들의 요구로 말미암아 아버지 하나님으로부터 보내심을 받아 우리 안에 계셔서 우리의 구원을 가능하게 하시는 진리의 영 곧 성령이시다.

하나님은 그의 활동에 있어 세 양태로 나타나시지만, 하나님은 한 분이시다.

이것을 다시 인격적 관계로 본다면 아버지 하나님과 아들 하나님과 성령은 하나의 공동체적 존재이다. 그렇기 때문에 인간을 창조하실 때에 하나님께서는 "우리의 형상대로 만들자"고 하신 것이다. 여기의 '우리'는 하나의 공동체를 의미한다.

"하나님은 사랑이시다."(요일 4:8) 홀로 있는 존재에게 사랑이란 있을 수 없다. 하나님이 사랑이신 것은 그 자신이 삼위일체의 공동체였기 때문이다. 그의 존재 양식은 사랑의 공동체였다.

따라서 하나님의 형상대로 창조된 인간의 존재 양식은 사랑의 공동체적이어야 한다.

> "조금 있으면, 세상이 나를 보지 못할 것이다. 그러나 너희는 나를 보게 될 것이다. 그것은 내가 살아 있고, 또 너희도 살아 있을 것이기 때문이다."(요 14:18, 19)

잠시 후 예수께서 십자가형으로 돌아가시게 될 때, 세상 사람들은 그를 보지 못하게 된다. 그는 이미 이 세상 사람이 아니기 때문이다.

예수님은 다시 부활하신다. 그렇지만 세상 사람들은 그를 보지 못한다. 그들은 영체로 부활하신 그를 볼 수 있는 영안이 없기 때문이다. 그들은 영적으로 맹인이요, 죽은 사람들이다.

그러나 그리스도를 믿고, 성령이 그의 안에 있어 영적으로 살아 있는 사람들은 영안으로써 부활하신 그리스도를 보게 된다. 부활의 세계, 영성우주를 볼 수 있는 것은 육안이 아니라 영안이다. 이러한 영안을 열어주시는 이가 우리 안에 계신 성령이시다.

복음적 실존

부활하신 예수님을 보는 그날에는 우리에게 놀라운 기적이 일어나는 것을 보게 된다고 말씀하셨다. 곧,

"그날에는 내가 내 아버지 안에 있고, 너희는 내 안에 있고, 또 내가 너희 안에 있는 것을 깨닫게 될 것이다."(요 14:20)

그리스도의 복음의 핵심과 결론은 여기에 있다. 하나님 안에 계신 그리스도가 우리 안에 계심으로 우리는 이제 하나님

안에 있는 존재가 된다. 그리스도를 매개로 하나님과 우리가 하나가 되어 아버지와 자녀의 관계를 갖게 되는 것이다. 이것은 마치 천·지·인 삼재가 서로 내재하는 삼태극 형상과 같다.

이것이 복음적 실존이다. 그리스도의 십자가와 부활사건이 일어난 것은 그의 성육신으로 말미암아 창조된 제3우주 안에서이다. 그러므로 복음적 실존을 그림으로 표현한다면 다음과 같이 될 것이다.

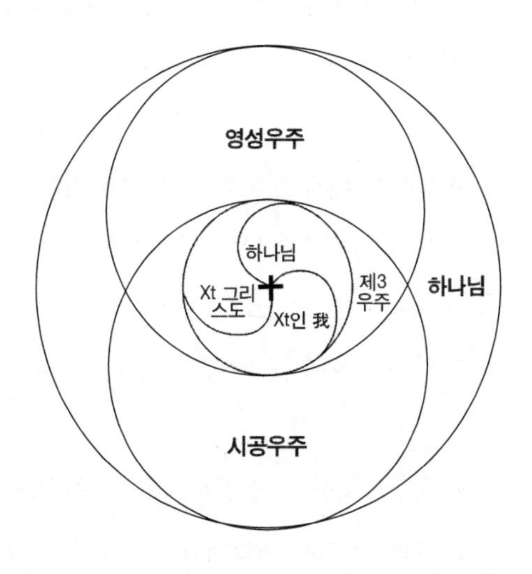

이것은 또한 삼위일체 하나님의 도식 속에 우리가 편입되게 된 것과도 같다. 성령께서 그리스도인의 안에 계시기 때문이다. 그것은 그리스도의 요청으로 우리 안에 오시게 된 성령으로 말미암아 일어난 우주적 기적이다. 천지를 창조하신 하나님이 그리스도로 말미암아 우리들의 아버지가 되신 것이다.

"우리는 그 성령에 힘입어 하나님을 '아빠 아버지'라고 부릅니다. 바로 그 성령께서 우리가 하나님의 자녀라는 것을 보증해 주십니다."(롬 8:15, 16)

하나님이 우리의 아버지가 되신다면 누가 감히 우리에게 대적할 수 있겠는가? 어떠한 환난도 죽음마저도 적수가 될 수 없다.(롬 8:31-35) 여기에 그리스도인이 갖는 자유와 평화의 근거가 있다. 그러므로 예수는 이렇게 말씀하신다.

"나는 너희들에게 평화를 주고 간다. 내가 주는 평화는 세상이 주는 평화와는 다르다. 불안해하지 말고 두려워하지 말라."(요 14:27)

3. 창조적 실존(15장)

삼태극적 현존

삼태극도는 복음적 실존의 평면도이다. 하나님과 그리스도와 그리스도인이라는 인격적 삼극이 서로 내재해 있는 그림이다. 거기에는 또한 세 극이 서로 만나서 하나가 되게 하는 한 중심점이 있다. 이것이 곧 사랑이다.

사랑은 주어진 어느 객체가 아니라 창조되는 것이며, 또한 창조적 생명력 자체이기도 하다. 그리고 그 특성은 하나됨과 기쁨을 창출하는 활동이라는 데 있다.

이 사랑을 핵심으로 형성된 것이 복음적 실존으로서의 삼태극이다. 그러나 이 삼태극은 정적인 평면적 도상이 아니라 나선형의 회전운동체이다. 나선형의 회전운동은 차원 상승을 초래하는 창조적 운동이다. 그리고 복음적 실존이 갖는 나선운동의 지향점은 하나님의 뜻을 실현하는 데 있다. 하나님의 뜻이란, 그가 창조하신 모든 것을 보시니 보시기에 매우 아름답다고 하신 그 '아름다움'의 실현이다.

이것이 곧 복음적 실존인 그리스도인의 존재 양식이다. 그리스도인은 그들의 생활을 통해 하나님의 우주 창조 작업에 동참하는 예술가적 존재이다.

사랑의 창조적 열매

하나님과 그리스도와 우리의 유기적 삼태극 관계에 대해 예수님은 다음과 같이 말씀하신다.

"나는 포도나무요, 나의 아버지는 농부이시다. 내게 붙어 있으면서 열매를 맺지 못하는 가지는 아버지께서 다 찍어 버리시고, 열매를 맺는 가지는 더 많이 맺게 하려고 손질하신다. …… 나는 포도나무요, 너희는 가지들이다. 사람이 내 안에 머물러 있고, 내가 그의 안에 머물러 있으면 그는 많은 열매를 맺는다. 너희가 나를 떠나서는 아무것도 할 수 없다."(요 15:1-5)

하나님은 우주와 인간을 창조하시고 역사를 운행하시는 분이시다. 그는 마치 과수원을 운영하는 농부와도 같다. 과수는 열매를 얻기 위해 있는 것이다. 그렇기 때문에 열매 맺지 못하는 가지는 잘라버리고, 열매 맺는 가지는 더욱 많은 열매를 맺도록 손질하는 것이 농부이다. 하나님은 결코 세상을 있는 그대로 내버려두시는 분이 아니다.

그리스도는 포도나무요, 우리는 그 가지들이다. 가지는 열매를 맺기 위해 있는 것이며, 그러기 위해서는 나무에 붙어 있어야만 한다.

그리스도는 로고스-예수이며, 그의 안에는 하나님의 생명이 흐르고 있다. 우리가 열매를 맺기 위해서는 그리스도와 생명의 유대를 가져야만 한다. 그 유대의 길이 그의 십자가와 부활에 동참하는 믿음이다. 믿음이란 십자가와 부활로써 나타난 하나님의 사랑을 받아들이는 결단이다. 좀 더 구체적으로는 사랑의 계명을 지키는 일이다.

> "너희들은 언제나 내 사랑 안에 머물러 있어라. 내가 내 아버지의 계명을 지키고 언제나 그 사랑 안에 머물러 있듯이 너희들도 내 계명을 지키면 언제나 내 사랑 안에 머물러 있게 될 것이다. …… 내가 너희들을 사랑한 것처럼 너희들도 서로 사랑하라. 이것이 나의 계명이다."(요 15:9-12)

사랑은 창조적인 생명이며, 생명은 사랑의 열매를 맺는다. 그러나 사랑은 우리의 능력으로 가능한 것이 아니라 성령님이 역사하심으로써 비로소 가능한 것이다. "성령께서 맺어주시는 열매는 사랑과 기쁨, 평화와 인내, 친절과 선, 진실과 온유, 그리고 절제이다."(갈 5:22f)

사랑의 기쁨

사랑은 단순히 의무가 아니라 기쁨이요 행복이다. 자신의 전체를 바쳐 인간을 사랑한 예수님은 기쁨과 행복의 극치를 사신 분이다. 그리고 우리에게 그 기쁨과 행복을 누리도록 가르치신다.

> "내가 이러한 말을 한 것은 나의 기쁨이 너희 안에 있게 하고, 또 너희의 기쁨이 넘치게 하려는 것이다."(요 15:11)

사랑과 기쁨의 결실이 혼인잔치이다. 하나님의 말씀인 로고스가 인간이 되어 오신 예수께서 제일 먼저 참석하신 곳이 바로 이 혼인잔치였다. 여기에서 우리는 그리스도로 오신 예수님의 적극적인 목적이 무엇인가를 분명히 읽을 수가 있다. 그것은 곧 사랑의 삶이 초래하는 기쁨과 행복이다.

이것을 좀 더 적극적으로 표현한 것이 물로써 포도주를 창조하신 일이다. 물이 일상적인 생활이라고 한다면, 포도주는 맛과 기쁨을 뜻한다. 맛과 기쁨을 지닌 멋이 곧 아름다움이다. 잔치에 참석하신 예수께서는 뜰에 있는 여섯 항아리에 물을 가득 채우라고 하셨다. 그 가득 찬 물이 그리스도의 말씀으로 말미암아 포도주로 변한 것이다. 육신이 되어 오신 말씀으로 말미암아 "은혜와 진리가 충만한" 기쁨의 세계가 전개된 것이다.(요 1:14)

예수께서는 다시 강조하셨다. "나는 포도나무요, 너희는 가지이다." 내게 붙어 있음으로써 풍성한 포도열매를 맺을 수 있다. "내 사랑 안에 머물러 있으라." "내 계명을 지키면 언제나 내 사랑 안에 머물러 있게 된다." "내가 너희들을 사랑한 것처럼 너희들도 서로 사랑하라. 이것이 나의 계명이다."(요 15:5-12)

VII

성령의 역사와 사랑의 신비

1. 성령과 그의 일(16장)

보혜사 성령

"나는 지금 나를 보내신 분에게로 간다. 내가 떠나는 것이 너희에게 유익하다. 내가 가면, 보혜사를 너희에게 보내 주겠다."(요 16:5-7)

하나님의 말씀이 육신이 되어 오신 예수께서 이제 그의 소임을 다하시게 되자 그의 본향인 아버지 하나님에게로 돌아가시게 되었다. 우리말의 '돌아가신다'는 것은 죽음을 의미한다. 예수께서는 십자가 위에서의 죽음을 통해 아버지께로 돌아가셨다. '죽음'이란 '돌아감'이다.

죽음은 이별이요, 이별은 슬픈 일이다. 그러나 그리스도의 경우는 다르다. "내가 떠나가는 것이 너희에게 유익하다"고 하셨다. 그것은 그가 돌아가심으로써 우리에게 새로운 "보혜사"(保惠師)를 보내주시기 때문이다. 보혜사란 한자 그대로 우리를 보호하시고 은혜를 베푸시는 스승이다. 이 보혜사가 곧 성령이시다.

보혜사를 "진리의 영"이라고 했다.(요 16:13) 진리란 구원의 복음 진리이다. 곧 로고스-예수이신 그리스도가 복음이요 진리이다.(요 14:6) 그러므로 십자가에 달려 돌아가셨다가 영체로 부활하신 그리스도가 곧 진리의 영이시요, 보혜사요, 성령이시다.

여기에서 우리는 '3·1적 그리스도상'을 다음과 같이 그려 볼 수 있다.

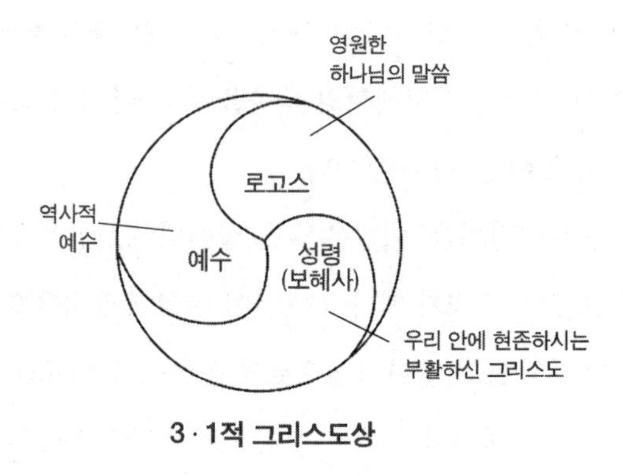

3·1적 그리스도상

성령의 강림과 그의 일

"조금 있으면, 너희는 나를 보지 못할 것이다. 그러나 또 조금 있으면, 나를 볼 것이다."(요 16:16)
"나는 너희를 고아처럼 버려두지 않고, 너희에게 다시 오겠다."(요 14:18)

예수께서 십자가를 통해 아버지께로 돌아가심으로 세상과 제자들은 그를 보지 못하게 된다. 그러나 부활하신 그리스도께서 제자들에게 다시 오심으로써 그들은 다시 그를 보게 된다. 그가 곧 강림하신 보혜사 성령이시다. 그는 우리 안에 영원토록 계심으로써 우리가 복음적 실존이 되어 하나님의 자녀된 특권을 누리게 하신다.(요 14:19, 20; 1:12)

우리 안에 계신 성령께서 하시는 일은 우리에게 복음의 진리를 바로 알게 하시는 것이다.

첫째는 세상의 죄에 대한 인식이다. 죄란 그리스도를 통해 나타나신 구원의 도리를 믿지 않는 것이다.(요 16:9)

둘째는 십자가의 도리 곧 우리의 죄를 대신하여 속죄하심으로써 하나님의 정의가 실현된 것을 알게 하는 일이다.(요 16:10)

셋째는 그리스도의 십자가와 부활로 말미암아 사탄의 악의 세력이 이미 심판받았음을 알게 하시는 일이다.(요 16:11)

우리는 그리스도의 구원의 도리를 믿음과 함께 그 도리를 바로 알아야 한다. 그 복음의 도리를 알게 하시는 이가 바로 성령이시다.

복음 원리

성령의 역사에 힘입어 믿고 알게 된 진리란 곧 '복음 원리'

이다. 그것을 한마디로 표현한다면, '십자가의 고난을 통한 부활의 기쁨'이다.

하나님의 자녀된 특권 곧 자유와 평화와 사랑의 기쁨을 얻기 위해서는 먼저 그리스도의 고난에 동참하지 않으면 안 된다. 곧 나와 이 세상에 대해서는 그리스도와 함께 죽음으로써 그의 부활에 동참하게 되는 것이다. 그것은 마치 해산하는 여인이 진통을 겪은 다음에 태어나는 아이로 말미암아 기쁨을 누리게 되는 것과도 같다.(요 16:21)

십자가에서 돌아가신 스승을 잃게 될 제자들의 슬픔은 클 것이다. 그러나 부활하신 그리스도를 다시 만나는 것은 더할 나위 없는 기쁨이 될 것이다. 무엇보다도 그날에는 그리스도를 매개로 하나님과 그를 믿는 제자들이 하나가 되는 복음적 실존이 되기 때문이다.(요 14:20)

그리스도의 아버지이신 하나님이 그를 믿는 우리의 아버지가 되신다.(요 20:17) 그러므로 그리스도의 이름으로 구하는 우리의 간구는 무엇이든 다 이루어주실 것이다.(요 16:23) 예수께서는 이렇게 말씀하신다.

"내가 이렇게 말하는 것은 너희가 내 안에서 평화를 얻게 하려는 것이다. 너희는 세상에서 시련을 받을 것이다. 그러나 담대하여라. 내가 세상을 이겼노라."(요 16:33)

2. 그리스도의 기도(17장)

알고 믿는 영생의 길

십자가의 죽음을 앞에 두고, 제자들과 최후의 만찬을 드신 예수께서는 그들에게 긴 고별사를 말씀하셨다. 그리고 마지막으로 제자들을 위해 기도하셨다.

기도의 내용은 셋으로 요약된다.

첫째는 제자들이 복음의 진리를 바로 알고 믿음으로써 영생을 얻게 해달라는 기도이다. 그리스도의 사명은 하나님께서 자신에게 맡겨주신 모든 사람에게 영생을 얻게 하는 데 있다. 그런데 그 "영생은 참되시고 오직 한 분이신 하나님을 '알고' 또 아버지께서 보내신 예수 그리스도를 '아는 것'"이라고 하셨다.(요 17:3)

바울의 경우에는 "믿음만으로" 구원을 받고 영생을 얻는다는 것이 강조되었다. 그러나 요한의 경우에는 믿음과 함께 앎이 강조되어 있다. 베드로가 신앙고백을 할 때에도 예수님이 곧 그리스도이심을 "믿으며 또한 알고 있다"고 했다.(요 6:69) 요한 문서에는 이 '안다'는 말이 무려 80회나 사용되었다.

요한복음서가 기록되던 90년대에는 종교계나 교회 안에 사이비 신앙운동들이 성행하고 있었다. 영지주의나 신비주의적 영성운동 등이 그것이다. 이것은 오늘날에 이르기까지 계속되는 현상이기도 하다.

그러므로 올바른 믿음을 갖기 위해서는 항상 한 분이신 참 아버지 하나님과 그가 보내신 예수 그리스도의 복음에 대한 정확한 '이해' 곧 '앎'을 갖지 않으면 안 된다.

그리스도의 복음이란, 영원하신 하나님의 말씀이 인간이 되어 오심으로써 은혜와 진리가 충만한 신천지가 전개되었다는 성육신의 도리와 예수님의 십자가의 죽음을 통한 속죄의 도리와 그의 부활에 의한 하나님 나라의 전개이다. 이것이 예수께서 제자들을 위해 기도하신 첫 대목이다.

하늘 나그네의 사명

둘째는 그리스도의 제자들을 악의 세력으로부터 보호해달라는 기도였다.

그리스도의 본향은 영원하고 영적인 하나님의 나라이다. 그는 다만 인간들로 하여금 이 영원한 하나님 나라의 백성이 되게 하시기 위하여 인간이 되어 이 세상에 오셨던 것이다.

그리스도는 이 세상에 속한 존재가 아니다. 유대인으로 태어나 33년간 활동하신 예수님은 하나님으로부터 인간 구원의 사명을 받고 이 세상에 보내심을 받은 하늘 나그네였다.

그리스도의 제자가 된 그리스도인이란 그리스도를 자신의 인격 안에 모심으로써 그리스도와 함께 하나님의 자녀된 특권을 누리는 사람들이다.(요 1:12) 따라서 그리스도인이 된다는 것은 그리스도와 함께 이 세상에 속하지 않은 하늘 나그네로서 삶을 사는 존재가 되는 것이다.(요 17:16; 벧전 2:11)

그리스도인이란 비록 이 세상에 살고 있지만 그는 그리스도와 함께 하나님 나라에 국적을 가진 천국시민이다.(빌 3:20)

그리고 우리 안에 계신 그리스도는 하나님으로부터 인간 구원의 사명을 가지고 오신 분이다. 따라서 그를 우리 안에 모심으로 하늘 나그네가 된 그리스도인들 역시 그리스도와 함께 이 세상에 복음을 전하는 사명을 가지고 인생 역정을 걸어가는 "택함 받은 나그네들"이다.(벧전 1:1f) 예수께서는 이렇게 기도하셨다.

> "내가 아버지께 비는 것은, 그들을 세상에서 데려가시는 것이 아니라 악한 자에게서 그들을 지켜주시는 것입니다. …… 아버지께서 나를 세상에 보내신 것과 같이, 나도 그들을 세상으로 보냈습니다."(요 17:15,18)

사랑으로 하나됨

세 번째는 그의 제자와 모든 그리스도인이 서로 사랑함으로써 하나가 되기를 기도하셨다. 모든 사랑은 하나되게 하고, 모든 미움은 갈라서게 한다. 하나님과 그리스도가 하나인 것은 그들이 아버지와 아들의 사랑 관계 속에 있었기 때문이다.

하나님은 사랑이시다. 하나님은 모든 인격이 서로 사랑함으로써 하나가 되기를 원하신다. 그리고 그 실현을 위하여 그의 아들을 세상에 보내셨다.

"하나님이 세상을 이처럼 사랑하사 독생자를 주셨으니 누구든지 저를 믿으면 멸망치 않고 영생을 얻으리라."(요 3:16)

영생이란 영원한 생명이신 하나님과 하나가 되는 것이다. 하나님이 주신 그리스도의 십자가와 부활로 말미암아 그를 믿는 그리스도인들은 하나님과 하나가 된 새로운 존재들이다. (요 14:20)

하나님과 하나가 된다는 것은 신비주의적인 강신체험이 아니라 아버지와 자녀 간의 인격적 사랑의 관계를 뜻한다. 그러므로 우리가 그리스도인이 된다는 것은 한 아버지를 모신 형제자매가 된다는 말이다. 여기에 인격적 사랑의 관계로서의 하나됨이 있다. 예수께서는 이렇게 기도하셨다.

"아버지, 아버지께서 내 안에 계시고, 내가 아버지 안에 있는 것과 같이 그들도 하나가 되어서 우리 안에 있게 하여 주십시오."(요 17:21)

이 기도는 예수님의 직제자들만을 위한 것이 아니다. 그들이 전도활동을 통해 형성될 교회의 교우들을 위한 기도이기도 했다. 교회란 한 하나님의 자녀들의 모임이요, 한 그리스도의 지체들이다. 각자에게 주어진 사명은 다르다. 그러나 그들은 그리스도께서 우리를 사랑하신 것 같이 서로 사랑함으로써 하나가 되어야 한다. 이것이 예수께서 주신 마지막 계명이요 또한 선교의 방법이었다.(요 13:34, 35)

3. 제3의 왕국(18장)

가야바의 왕국

예수님 당시의 유대인들은 이중 왕국에서 살고 있었다. 하나는 유대인의 민족종교인 유대교의 제사장 가야바가 지배하는 종교적 왕국이요, 또 하나는 로마의 총독 빌라도가 지배하는 정치적 왕국이었다. 민족종교는 그 민족의 정치적 국가의 성패와는 관계없이 그 민족의 생활문화를 지배한다. 유대교는 유대인들이 신봉하는 율법주의적 민족종교이다. 민족종교는 그 민족의 형성과 더불어 오래된 종교이다. 그러나 종교사적으로는 민속종교와도 결부된 미숙성을 가지고 있다. 대체로는 인성교육을 위한 금지법을 기초로 한 율법주의의 형상을 갖게 된다.

그들은 엄격한 신성과 세속의 이분법 위에 서 있다. 거룩한 안식일에는 병 고치는 자비행도 해서는 안 되는 것이며, 이방인들과는 자리를 같이해도 안 된다. 심지어는 정치적 총독의 관저에 들어가면 부정을 탄다고 믿었다.(요 18:28)

이러한 율법주의를 무시하고, 이른바 죄인들과 자유로이 어울려 다니는 예수는 그들에게 용납되지가 않았다. 무엇보다도 예수께서 하나님을 불러 "나의 아버지"라고 하는 것은 참을 수 없는 모독죄에 해당했다.

그러나 그들의 종교적 율법만으로는 그를 물리적으로 처형할 권한이 없었다. 그리하여 자신들을 지배하고 있는 로마의 정치적 왕국의 힘을 빌려 예수를 체포하고 그를 처형하기로 한 것이다.

이는 실로 자신의 목적 달성을 위해서는 수단과 방법을 가리지 않는 야곱의 후손다운 처사이기도 하였다.

빌라도의 왕국

유대 나라는 주전 63년부터 로마제국에 소속되어 결국에는 한 식민지로 전락해 있었다. 식민지에서 왕을 대신하는 통치자가 총독이다. 예수께서 활동하시던 기간의 총독은 본디오 빌라도(주후 26-30년)였다.

총독에게 중요한 것은 치안과 이를 위한 통치권이다. 통치권을 침해하지 않는 한 종교적 정신운동은 허용되었다. 따라서 종교적 분쟁에는 개입하지 않는다. 대신 그들의 정치적 통치권에 도전하는 모든 세력은 이것을 제거해야만 했다.

유대인들이 자신들의 종교적 이단 시비를 들고 소송해왔을 때, 빌라도는 이에 관여하려고 하지 않았다. 그가 심문한 결과 "나는 이 사람에게서 아무 죄목도 찾지 못했다"고 했다. (요 18:38)

그러나 유대인들은 집요하게 예수를 정치적 왕권 운동가로 몰아 고소해왔다. "누구든지 자기를 왕이라고 하는 자는 가이사 황제의 적이 아닌가?", "우리의 왕은 가이사밖에 없다." (요 19:12, 15) 그런데 이 예수는 자기를 왕이라고 했다는 것이다. 한 걸음 더 나아가 "만일 총독인 당신이 이 자를 놓아준다면 당신은 가이사의 충신이 아니다"라고까지 협박했다.

이에 빌라도는 예수님을 심문할 수밖에 없었다.

"네가 유대 사람의 왕이냐?" 그러나 예수님의 대답은 이러했다. "내 나라는 이 세상에 속한 것이 아니다. 내 나라가 세상에 속한 것이라면, 내 부하들이 싸워서 나를 유대인들에게 넘어가지 않게 했을 것이다."

빌라도는 다시 이렇게 물었다. "그러면 네가 왕이냐?" 이에 대해 예수께서 대답하였다. "네가 말한 대로 나는 왕이다. 나는 진리를 증언하려고 왔다." 이에 빌라도가 다시 물었다. "진리가 무엇이냐?"(요 18:33-38)

그리스도의 왕국

그리스도의 왕국은 가야바의 종교적 왕국도 아니요 빌라도의 정치적 왕국도 아닌, 그의 나라의 왕국이다.

그의 나라란 하나님의 영원한 초월적인 영적 로고스가 시간과 공간의 범주 안에 있는 육적인 인간 예수가 되어 오심으로써 창조된 제3의 우주이다.

여기에서는 영원과 시간, 영과 육, 거룩과 세속이 서로 즉

(卽)해서 있다. 거룩한 영원이 곧〔卽〕 세속적인 시간이 되는 것이며, 세속이 곧 거룩이 되는 제3우주이다. 이것을 그는 "진리의 나라"라고 했다.

진리란 영생에 이르는 참 길 곧 구원의 복음을 뜻하며, 그리스도 자신을 뜻한다.(요 14:6) 좀 더 구체적으로는 그의 성육신(요 1:14)과 세상의 죄를 대신 지고 가신 어린양의 십자가의 죽음(요 1:29)과 그의 부활과 재림으로 말미암아 그를 믿는 사람들이 하나님과 하나가 되어(요 14:20) 그의 자녀된 특권을 누리게 되는 복음의 진리이다.

십자가와 부활의 복음을 믿는 제자들에게 예수께서는 이렇게 말씀하셨다.

> "그 날에는 내가 아버지 안에 있고, 너희는 내 안에 있고, 나는 너희 안에 있는 것을 알리라."(요 14:20)

이는 곧 그리스도를 모심으로써 하나님과 하나가 되는 삼태극적 존재가 된다는 말이다. 이것을 나는 '복음적 실존'이라고 한다. 이것을 가능케 하시는 이가 '진리의 성령'이시다.(요

14:17)

지금까지 논의된 왕국들을 평면도로 표현해본다면 다음과 같이 될 것이다.

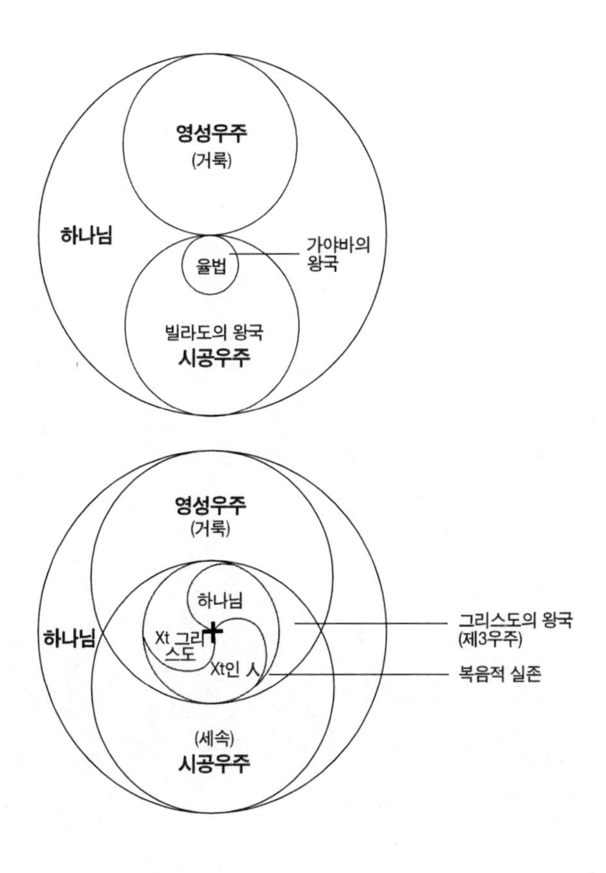

VIII

십자가와 부활과 사랑

1. 십자가의 복음(19장)

유월절의 어린양

일찍이 세례 요한은 자기에게로 오시는 예수님을 보고 "세상의 죄를 지고 가는 어린양"이라고 했다.(요 1:29) 이것은 유월절에 십자가에 달려 돌아가실 예수님의 모습을 내다보고 한 말이었다.

유월절이란 이스라엘 민족의 해방절이다. 400년 간 애굽의 노예로 있던 그들을 하나님께서는 모세를 통해 해방하셨다.

완악한 지배자 애굽의 세력을 꺾기 위해 하나님께서는 애굽 안에 있는 모든 장자들을 죽이기로 했다. 그러나 이스라엘 민족만은 여기에서 벗어날 비결을 전했다. 어린 숫양을 잡아 그 피를 이스라엘 집 문설주에 바르면 죽음의 천사가 그 집을 뛰어넘어가게 하는 비결이다.(출 12:1-14)

피는 곧 생명이기 때문에(창 9:4; 레 13:11) 죽음이 뛰어넘는다는 뜻에서 유월(pass over)이라 하고, 그들의 해방절을 유월절이라 했다. 이 유월절로 인해 이스라엘 민족은 노예 신세로부터 해방되어 약속의 새 땅으로 가게 되었다. 이것이 민족적 구원의 역사적 사건이었다.

그로부터 1,200여 년이 지났을 무렵, 하나님께서는 제2의 출애굽 사건을 단행하셨다. 그것은 한 민족이 아니라 모든 인류가 죄와 죽음의 노예로부터 벗어나기 위한 해방이었다. 곧 예수 그리스도의 십자가 사건이 그것이다. 예수께서는 유대인의 해방절인 유월절에 십자가에 달려 돌아가셨다. 유월절의 희생의 제물인 어린양으로서 피를 흘리게 된 것이다. 우리는 이제 그 피를 우리의 인격적 문설주인 마음에 바름으로써 죽음으로부터 해방되게 되었다. 이것이 우리의 십자가 신앙이요, 구원의 복음이다.

복음 원리와 대속

니고데모가 자유와 평화와 사랑의 나라인 하나님의 나라로 가는 길을 물었을 때 예수님의 대답은 이러했다.

"물과 성령으로 거듭나지 아니하면 하나님의 나라에 들어갈 수 없다."(요 3:5)

이것은 세례식을 뜻하는 것이다. 세례식이란 아집에 사로잡힌 옛사람은 죽고, 영적으로 거듭나게 하는 종교의식이다. 이때에 비로소 사람은 하나님 나라에 들어갈 수 있다.

그리스 사람들이 도를 물었을 때 예수님은 밀알의 비유를 들어 말씀하셨다. 곧 밀알은 땅에 떨어져 죽을 때만이 많은 열매를 맺을 수 있다. 자기 목숨에 집착하고 있는 사람은 결국 생명을 잃을 것이고, 아집을 버리고 자신에 대해 죽는 사람만이 영원한 생명을 누릴 것이다.(요 12:24, 25)

이러한 종교적 진리를 형상화한 역사적 사건이 예수님의 십자가 위에서의 죽음과 부활이다. 이것이 기독교 신앙의 핵심이다. 죽음을 통한 신생의 도리, 이것이 '복음 원리'이다.

그러나 인간이 자력으로 자기와 이 세상에 대한 집착으로부터 벗어난다는 것은 거의 불가능한 일이다. 그것은 마치 강대한 제국의 식민지 백성이 자력으로 자신들을 해방시키기가 불가능한 것과도 같다. 이러한 불가능을 가능하게 한 것이 그리스도의 십자가와 부활로 나타난 하나님의 사랑이다.

십자가란 우리의 죽음을 예수께서 대신 죽어주신 사건이다. 이에 대해서는 일찍이 이사야를 통해 말씀하신 바가 있다.(사 53:4, 5)

이것이 그리스도의 십자가를 통해 나타난 하나님의 사랑이다. 이제 우리는 그의 사랑을 믿고 받아들이기만 하면 새로운 존재가 되어 하나님의 자녀가 된 특권을 누리게 된다. 곧 자유와 평화와 사랑으로 구성된 하나님의 영원한 생명을 우리도 살게 되는 것이다. 이것이 우리의 십자가 신앙이요, 구원의 복음이다.

복음신앙적 현존

십자가에 달려 돌아가신 예수님의 옆구리를 한 병사가 와서 창으로 찔렀더니, 거기에서 "피와 물"이 흘러나왔다.(요 19:

34) 물과 피는 기독교의 2대 성례전인 세례식과 성찬식을 상징한다. 성례전이란 그리스도의 복음에 대한 신앙을 예식화한 종교적 행위예술이다.

그리스도의 복음에 대한 신앙을 예식화한 것이 세례식이다. 물로 베푸는 세례는 그리스도의 십자가와 부활에 실존적으로 동참하는 신앙 결단식이다. 이로써 우리는 죽음으로부터 해방되는 것이며, 이것이 또한 영원한 부활생명을 지니게 한다. 이것이 구원의 복음이다. 그리고 피는 포도주로 상징되는 성찬식을 의미한다.

지금까지 살펴본 구원의 사건들은 차원을 달리한 같은 모형의 반복으로 볼 수 있다. 출애굽 사건은 어린양의 희생을 통해 노예생활로부터 민족적 해방을 이룬 유월절 사건이었다. 그리스도의 십자가 사건은 예수님의 희생의 피가 죽음을 향한 존재들을 죽음으로부터 해방하는 우주적 유월절 사건이었다. 그리스도의 십자가를 신앙하는 우리는 그의 십자가와 부활에 동참함으로써 죽음으로부터의 해방과 영생을 누리는 인격적 유월절을 갖게 되는 것이다. 이러한 복음의 원리와 구원의 역사를 그림으로 표현한다면 다음과 같이 될 것이다.

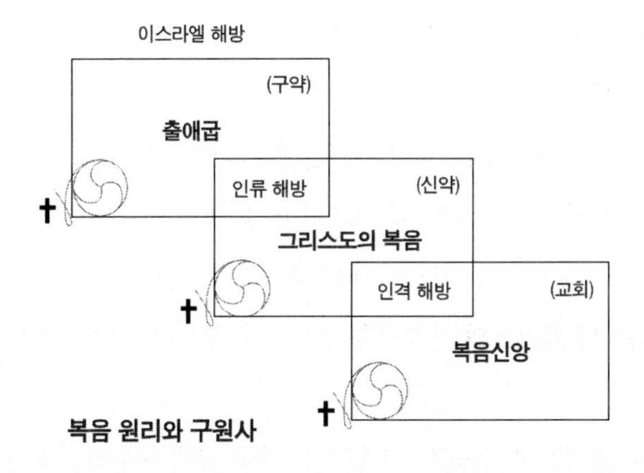

2. 부활의 복음(20장)

그리스도의 부활

기독교의 복음은 성육신하신 예수께서 인간의 죄와 죽음을 대신 지고 돌아가신 십자가 사건과 그의 부활로써 구성되어 있다.

예수께서 부활하신 것은 유대교의 안식일인 토요일 다음날 곧 제3일인 일요일이다. 기독교는 이날을 주의 날이라 하여 주일예배를 드린다. 말하자면 부활 기념예배를 드리는 것이다. 기독교란 그리스도의 부활을 믿고 그와 함께 우리도 부활의 생명을 살아가는 종교이다.

주일 새벽에 예수님의 무덤을 찾아간 첫 사람은 그의 어머니도 제자도 아닌 막달라 마리아였다. 그리고 부활하신 그리스도를 알아본 첫 사람 역시 마리아였다. 그에게는 어머니의 모성애나 제자들의 존경심을 넘어선 총체적 사랑의 열정이 있었다.

무덤 밖에서 슬피 울고 있던 마리아 앞에 부활하신 예수께서 나타나셨다. 그러나 마리아는 그를 알아보지 못했다. 그것은 예수께서 영체로 부활하셨기 때문이다. 육체는 육안으로 볼 수 있지만 영체는 영안으로만 볼 수 있는 대상이다. 영안이란 신앙의 눈이다.

하나님께서 창조하신 이 세상은 우리의 육안으로 볼 수 있다. 그러나 창조주 하나님은 영이시기 때문에 우리의 육안으로는 보아도 보지 못하는 대상이다. 영체로 부활하신 그리스도 역시 육안으로 볼 수 있는 대상이 아니다. 영안으로 보아야 한다. 우리 속에 영안을 열어주는 것은 신앙과 사랑이다.

부활하신 예수께서 "마리아야" 하는 그의 사랑의 부르심을 듣는 순간 마리아의 영안이 열렸다. 그리하여 부활하신 그리스도를 보고 "선생님" 하며 다가갈 수 있었다. 그러나 역시 손으로 접촉할 수 있는 대상은 아니었다.

부활하신 그리스도를 보고 그를 우리 안에 모시는 순간 우리에게는 놀라운 기적이 일어난다. 곧 그리스도의 아버지 하나님이 우리의 아버지 하나님이 되신다는 사실이다. 예수께서는 마리아에게 제자들에게로 가서 이렇게 전하라고 하셨다.

> "나의 아버지 곧 너희들의 아버지, 나의 하나님 곧 너희들의 하나님께로 내가 올라간다."(요 20:17)

그리스도의 십자가와 부활로 말미암아 그를 믿는 우리가 하나님의 자녀가 되는 특권을 누리게 된 것이다. 다시 말하면, 그리스도를 매개로 하나님과 우리가 상호 내재하여 하나가 되는 삼태극적 관계 곧 복음적 실존이 되는 것이다.(요 14:20)

부활의 세계

그리스도의 부활은 역사 안에서 일어났다. 그러나 그것은 역사를 넘어선 사건이었다. 정확히 말하면 성육신으로 말미암아 창조된 제3우주 안에서 일어난 사건이다. 그러므로 단순한 육안으로 보거나 이성으로 이해되는 대상이 아니다. 이것은 신앙의 영안을 통해서만 보고 이해할 수 있는 사건이다.

세상 사람들은 부활하신 그리스도를 볼 수 없었다. 그러나 그를 믿고 따르던 제자들은 그를 볼 수 있었다. 제자들이 본 부활하신 그리스도의 실상을 기록한 것이 요한복음 20장이다. 그중에도 19-23절 사이에서 부활의 실상을 볼 수 있다.

첫째, 부활한 몸은 자유하는 영체이다. 예수님을 처형한 유대인들을 두려워했던 제자들은 어떤 집 안에 모여 문들을 모두 닫아걸고 있었다. 그런데 문 여는 소리도 없이 부활하신 예수께서 홀연히 방으로 들어와 그들 한가운데에 서 계셨던 것이다.(요 20:19) 부활하신 그리스도의 몸은 영체였다. "육체적인 몸으로 묻히지만 영적인 몸으로 다시 살아난다."(고전 15:44) 영체란 시간과 공간에 제약받지 않는 자유의 몸이다. 통전적 우주 안에는 시공우주에 속하는 사법계(事法界)가 있고, 영성우주에 속하는 이법계(理法界)가 있다. 육체는 사법계에 속하는 몸이지만 영체는 이법계에 속하는 몸이다. 부활한 영체는 사법계를 자유로이 넘나드는 이사무애법계(理事無碍法界)에 사는 존재이다. 그러므로 부활하신 예수님은 닫힌 방을 자유로이 드나들 수 있었다. 여기에 부활에 사는 인격의 자유가 있다.

둘째, 부활한 인격은 평화를 누린다. 불안은 시간과 공간 안에 살아 있는 인간의 특징이다. 그러나 이미 죽음을 거쳐 부활한 인격에게는 불안이 없어진다. 부활하신 그리스도는 제자들에게 두 번이나 평화가 있기를 빌었다.(요 20:19, 21) 예수께서 이 세상에 오신 것은 우리에게 평화를 주시기 위해서였다.

> "나는 너희들에게 평화를 주고 간다. 내 평화를 너희에게 주는 것이다. 내가 주는 평화는 세상이 주는 평화와는 다르다. 불안해하지 말고 두려워하지 말라."(요 14:27)

평화란 '로마의 평화(Pax Romana)'에서 보듯 전쟁 없는 상태와 산업이 발달되어 먹을 것이 넉넉한 상태일 것이다. 그러나 이것은 세상이 주는 평화이다. 인간에게 무제한의 소유욕이 있는 한 이러한 평화는 또다시 전쟁으로 변할 것이다.

부활하신 그리스도가 주시는 평화는 소유의 문제가 아니라, 하나님이 우리와 함께 계시는 '임마누엘'의 평화이다. 그것은 하나님의 자녀가 된 인격적 평화이다. 천지를 창조하시고, 역사와 인간의 생사화복을 지배하시는 하나님의 자녀가 된 사람이 갖는 평화이다. 하나님의 자녀를 위협할 어떠한 세력도 있을 수 없다. 소유의 유무는 물론이려니와 죄와 죽음으로부터도 자유하는 것이 하나님의 자녀가 된 사람의 특권이다. 여기에 부활한 자의 평화가 있고, 그리스도가 우리에게 주시는 평화가 있다.

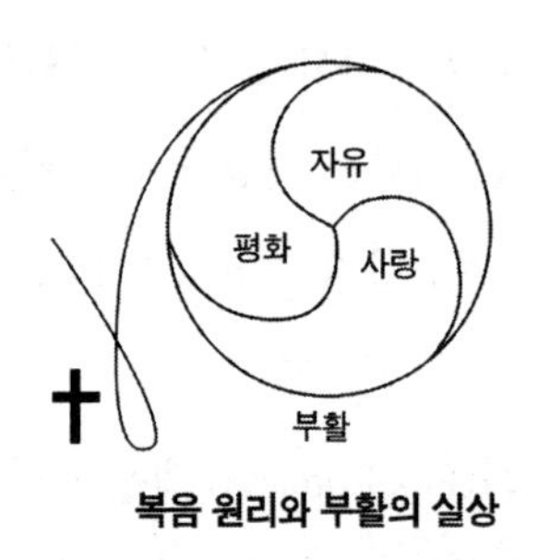

복음 원리와 부활의 실상

셋째는 사랑의 사명이다. 부활하신 그리스도는 그의 제자들에게 평화의 사도가 되도록 분부하셨다.

"너희들에게 평화가 있기를 빈다. 내 아버지께서 나를 보내 주신 것처럼 나도 너희들을 보낸다."(요 20:21)

부활의 세계는 가만히 앉아서 자유와 평화를 즐기는 명상만의 세계가 아니다. 자유도 평화도 실은 객관적인 소유의 대상이 아니다. 이것은 항상 창조되어야 하는 인격적 생명의 세계이다.

하나님께서 인간에게 주신 평화는 당신의 아들 예수 그리스도로 하여금 그의 생명을 바쳐 창조하게 하신 것이다. 따라서 이 평화를 받은 우리도 그리스도와 함께 평화의 삶을 창조해가지 않으면 아니 된다. 그러므로 평화를 주신 그리스도는 다시 우리에게 평화 창조의 사명을 주셨다.

"너희에게 평화가 있기를 빈다. 아버지께서 나를 보내신 것과 같이, 나도 너희를 보낸다. …… 너희가 누구의 죄든지 용서해 주면 사해질 것이고, 사해 주지 않으면 그대로 남아 있을 것이다."(요 20:21-23)

평화란 죄 없는 상태요, 죄란 하나님을 떠난 상태이다. 그러므로 평화란 하나님이 함께 계신 임마누엘의 삶이다. 그리스도 안에서 하나님의 자녀가 된 우리는 우리가 누리는 평화를 모든 사람이 누리도록 전할 사명을 지니고 있다. 이것이 이웃 사랑하기를 내 몸과 같이 하라는 사랑의 계명이다.

남에게 베푸는 사랑으로는 재물을 나누어주는 재보시(財布施)도 있지만, 좀 더 근본적인 것은 진리를 깨달아 믿고 자유와 평화를 누리게 하는 법보시(法布施)에 있다.

그런데 우리 자신에게는 그러한 사랑의 능력이 없다. 그렇기 때문에 예수께서는 그의 제자들을 파송하시면서 "입으로 숨을 내부시며 말씀하셨다. 성령을 받아라."(요 20:22) 우리는 우리 안에 계신 성령의 능력에 힘입어 복음을 전하고 사랑을 베풀 수 있는 것이다. 이것이 그리스도인에게 주어진 선교적 사명이요, 그리스도가 분부하신 사랑의 계명이다. 이러한 선교적 사랑의 계명 실천을 통해 이 세상에는 자유와 평화가 실존하게 된다. 여기에 부활의 세계가 있다.

부활의 실상은 그리스도 안에서 자유와 평화와 사랑의 기쁨을 누리고 사는 데 있다. 이것은 육체적 죽음 후에 비로소 전개되는 현상이 아니라 지금 여기에서 그리스도와 함께 사는 사람들 안에서 이미 전개되는 생명현상이다. 이것을 요한은 영생이라 했다.

예수님은 이렇게 말씀하신다.

> "나는 부활이요 생명이니, 나를 믿는 자는 죽어도 살겠고, 살아서 믿는 자는 영원히 죽지 아니하리라."(요 11:25)

그러므로 요한은 이 예수를 믿고 모시고 사는 사람은 멸망치 않고 영생하리라고 했다.(요 3:16)

복음과 문화적 전통

복음은 하나님의 로고스가 인간이 되어 오신 그리스도의 십자가와 부활로 구성되어 있다. 십자가와 부활은 나누어볼 수 없는 복음의 양면이다. 그것은 동전의 양면과도 같다. 그러나 현실적인 인식과정에 있어서는 어느 한 면을 통해 전체를 보게 된다. 10원이라 쓰인 수리적 글씨의 면을 보든가, 아니면 다보탑을 그린 상징적 그림의 면을 봄으로써 그 동전의 값어

치를 인식한다. 이와 같이 종교적 진리 인식에 있어서도 문화적 전통이 그 시각을 달리하게 한다.

유대 민족문화는 처음부터 하나님과의 율법적 계약관계를 중심으로 형성되어왔다. 그러므로 그들의 시각에서 보는 복음의 중심은 십자가에 의한 속죄에 있었다. 하나님의 정의와 사랑을 성취한 구원의 사건이 바로 예수님의 십자가상의 죽음이었기 때문이다. 이러한 신앙의 전통을 이어온 서구의 기독교와 그들의 문화는 자연히 계약문화 또는 법치문화를 발전시켜왔다. 여기에서 민주주의의 꽃이 필 수도 있었다.

그러나 동양, 특히 한국의 문화적 전통은 다르다. 인생의 도리와 문화적 기초를 하나님과의 계약관계에서 찾은 것이 아니라 신비적 또는 심미적 신인합일 관계에서 찾아왔다. 우리는 고대로부터 제천의례에서 보듯 노래와 춤으로써 강신을 도모해왔다. 신인합일에서 인생문제의 궁극적 해결을 찾아왔던 것이다. 여기에는 율법문화가 아니라 심미(審美)적인 풍류문화가 그 주류를 이루게 된다.

이러한 신인합일에 기초한 문화적 전통에서 보는 복음의 중심은 십자가이기보다 부활이다. 부활이란 그리스도를 매개로 하나님과 인간이 하나가 되는 삼태극적 관계를 초래한 사건이기 때문이다. 거기에서 우리의 이상인 자유와 평화와 사랑의 기쁨이 지배하는 인생이 전개된다.

십자가를 중심에 둔 복음 이해나 부활을 중심에 둔 복음 이해나 다 같이 자유와 평화와 사랑의 기쁨에 이르게 한다. 그러나 이것을 실현하게 하는 문화적 형태는 동서가 각기 그 특성을 달리한다. 그것은 문화적 전통의 연장선상에서 전개되기 때문이다. 각 문화적 전통에는 장단점이 있게 마련이다. 그러므로 우리가 좀 더 온전한 복음적 문화를 전개하기 위해서는 서로 그 장단점을 이해하고 상호보완하도록 해야 할 것이다.

복음의 중심을 십자가에 둔 서방의 교회가 추구하는 것이 하나님의 의라고 한다면, 복음의 중심을 부활에 둔 한국교회가 추구하는 것은 하나님의 사랑이다. 사랑을 지배하는 것은 이성이기보다 정(情)이다. 의의 상징이 부부의 계약관계라고 한다면, 사랑의 상징은 부자간의 천륜이다. 우리가 그리스도 안에서 하나님을 "아바 아버지"로 모신 자녀가 되었다는 것이 우리 신앙의 핵심이다.

기독교의 보편적인 상징은 십자가이다. 이것은 유대-서구적인 복음 이해의 중심이 십자가에 있었기 때문이다. 그러나 한국 문화적 전통에서 본 복음의 중심은 부활에 있다. 부활의 상징은 그리스도를 매개로 하나님과 우리가 하나로 된 '삼태극'이다. 삼태극은 천·지·인 삼극이 서로 내재해 있는 형상이며, 또한 한·삶·멋이 서로 내재한 풍류도의 그림이다. 그러므로 한국교회의 상징은 십자가이기보다 삼태극이 되어야 할 것이다.

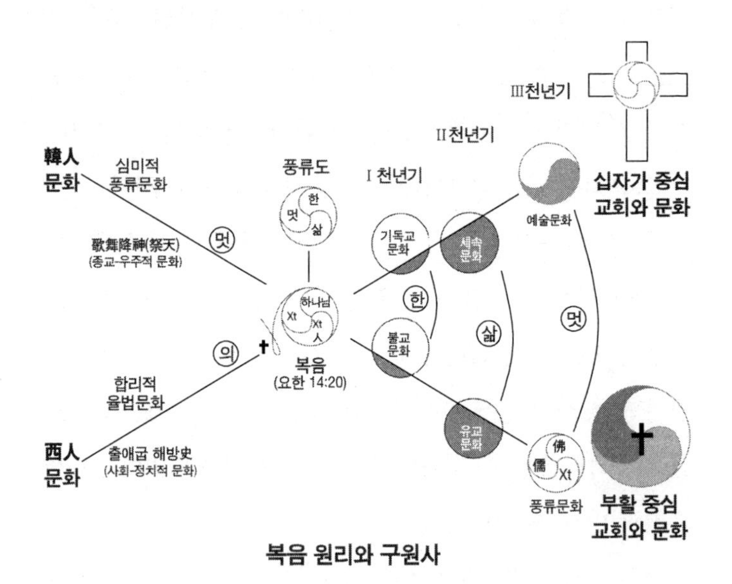

복음 원리와 구원사

3. 인생을 가득히(21장)

와서 아침을 먹어라

그리스도의 부르심을 받은 어부와 직장인들은 그의 제자가 되기 위해 그들의 일상적인 생업을 버리고 그를 따라나섰다. 그러나 그리스도의 십자가와 부활로 말미암아 하나님의 자녀된 새로운 존재가 되자, 그들은 다시 일상생업으로 돌아와서 다시 고기를 잡으러 호수로 나갔다.

신선한 아침 호숫가에 오신 이는 부활하신 그리스도였다. 밤새도록 그물을 던졌지만 고기 한 마리 잡지 못한 제자들에게 고기 잡는 비결을 일러주셨다. 그리고 그는 모래밭에 불을 피워놓고 그 위에 물고기를 굽고 있었다. 실은 그가 누구신지도 모르고 제자들은 그의 말에 따라 그물을 다시 던져서 많은 물고기를 잡았다. 그제야 그들은 그가 스승이심을 알고 육지로 올라오고 있었다. 이것을 보신 예수께서는 이렇게 말씀하셨다.

"와서 아침을 먹어라."(요 21:12)

조반을 영어권에서는 'breakfast'라고 한다. 'fast'란 금욕적인 단식을 뜻한다. 경건한 종교적 행위이다. 이러한 단식을 깨버리는 것〔break〕이 아침식사요, 부활하신 예수님의 초청의 말씀이었다. 율법에 충실했던 바리새인들과 회개를 촉구하는 세례 요한의 제자들은 때에 따라 단식을 행하고 있었다. 그러나 예수의 제자들은 그렇지 않았다. 그러므로 사람들이 예수님께 물었다.

"왜 당신의 제자들은 단식하지 않습니까?"

이에 대해 예수께서는 이렇게 말씀하셨다.

"혼인잔치에 온 손님들이 신랑과 함께 있는 동안에 금식할 수 있겠는가?"(막 2:19)

신랑은 그리스도시다. 그의 이름은 "임마누엘"이다. 하나님이 우리와 함께 계시다는 뜻이다. 하나님이 우리와 함께 계시는데 어찌 두려움과 단식해야 할 슬픔이 있을 수 있겠는가.

그리스도 안에 있는 삶은 기쁨으로 가득 찬 혼인잔치이다.(2장 참조)

하늘 나그네

그리스도인이란 이 세상에 살고 있으되 이 세상에 속한 사람이 아니다. 그것은 우리 안에 계신 그리스도가 이 세상에 속한 존재가 아니기 때문이다.(요 17:16) 세상은 자기에게 속하지 않은 존재를 미워한다. 그렇기 때문에 예수께서는 제자들의 안전을 위하여 기도하셨다.

> "나는 아버지께서 그들을 이 세상에서 데려가시라고 청하는 것이 아닙니다. 다만 악한 자에게서 그들을 지켜주시는 것입니다."(요 17:15)

그리스도인이란 이 세상의 일상생활을 떠나 사는 어떤 거룩한 존재가 아니다. 그들은 이 세상 안에서 진리를 위하여 몸바쳐 살아가야 하는 사명을 지닌 거룩한 세속인이요, 택함 받은 나그네들이다.(벧전 1:1)

진리란 하나님의 로고스인 말씀이다. 이는 곧 하나님의 뜻인 아름다움을 창조하는 생명력이요, 그 원천은 사랑이다.

그리스도인의 국적은 하늘에 있다.(빌 3:20) 따라서 타향인 이 세상 것에 집착하지 않는 나그네들이다. 집착 없는 관조자만이 타향의 아름다움을 볼 수 있다. 아름다움이란 '알다움'이며, 이것이 진여(眞如)이며, 하나님의 말씀의 세계이다. 그리스도인이란 이 세상 안에서 하나님의 말씀을 듣고 보고 그것을 삶을 통해 형상화해가는 예술가들이다.

이에 대해 바울은 이렇게 충고한다. "각 사람은 주께서 그에게 나누어주신 분수대로, 또 하나님께서 그를 부르신 그대로 살아가라." 그러나 이 세상일에 노예가 되지 말고, "마치 없는 것 같이", "마치 아닌 것 같이" 살며, 그 일을 통한 하나님의 뜻이 무엇인가를 살피고, 그 뜻을 드러내도록 살라고 했다.(고전 7장) 이는 곧 일상 세속생활을 통해 영적인 거룩한 삶을 사는 것이며, 종말론적 지금을 사는 것이며, 오늘에서 영원을 사는 것이다.

이것이 하늘 나그네가 된 그리스도인의 생활이다.

하나님과 그의 은사

"그리스도께서는 하나님의 은사를 우리 각 사람에게 서로 다르게 나누어 주셨습니다. …… 어떤 사람은 사도로, 어떤 사람은 예언자로, 어떤 사람은 전도자로, 또 어떤 사람은 목회자와 교사로 삼으셨습니다. 그것은 성도들을 준비시켜 봉사의 일을 하게 하고, 그리스도의 몸을 세우게 하시려는 것입니다."(엡 4:7-12)

그리스도의 몸이란 교회를 뜻한다. 교회는 하나님의 자녀들의 공동체이다. 이 교회를 이끌어가야 할 목회자들에게 각기 다른 직분의 은사를 나누어주셨다. 그중에도 중책을 맡은 이는 사도들이다. 예수께서는 그 전형적인 사도로서 베드로를 택하셨다. 그리고 그에게 세 번이나 반복해서 그의 사명을 확인시켜주셨다. "네가 나를 사랑하느냐?" 그렇다면 "내 양을 먹여라." 교회의 신도들을 돌보라는 뜻이다. 그것은 그리스도가 그랬듯이 네 목숨을 바쳐 순교할 때까지 "나를 따르라"는 것이었다.(요 21:15-19) 이에 순종한 사도들과 목회자들의 활

동을 통해 성령께서 역사하심으로써 교회 역사가 전개되어
왔다.

IX

복음계의 만다라

'만다라'는 불교의 한 종파인 밀교에서 사용하는 종교적 상징화를 일컫는 말이다. '만다'는 중심 또는 진수라는 뜻이며, '라'는 소유 또는 간직하다는 뜻이다. 곧 밀교가 신앙하는 불국토를 한 폭의 그림으로 표현한 상징적 예술작품이다. 그러나 이것은 단순한 미적 감상의 대상이 아니라, 영안으로 관상(觀想)하는 종교적 명상의 대상이다.

제4복음서인 요한복음의 내용을 개관하고 난 지금, 나는 요한신학의 빛에 비추어서 성서 전체의 내용을 조감할 수 있는 만다라를 그려봄으로써 이 책을 마무리하려고 한다.

하나님의 창조의 역사와 이에 따르는 우리의 신앙의 단계를 세 개의 만다라로써 표현해보았다. 곧 율법의 세계, 종교의 세계, 복음의 세계가 그것이다.

1. 율법계 만다라 - 율법적 신앙과 평화

"태초에 말씀이 계시니라. 이 말씀이 하나님과 함께 계셨으니, 이 말씀은 곧 하나님이시니라. 그가 태초에 하나님과 함께 계셨고, 만물이 그로 말미암아 지은 바 되었으니, 하나도 그가 없이는 된 것이 없느니라. 그 안에 생명이 있었으니 이 생명은 사람들의 빛이다."(요 1:1-4)

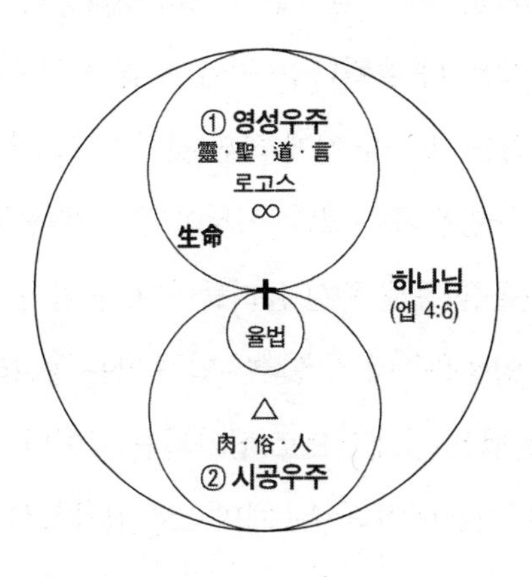

그림 전체를 구성하고 있는 동그라미들은 하나님을 상징한다. "하나님은 한 분이시니 그는 만유의 아버지시라. 만유 위에 계시고, 만유를 통해 일하시고, 만유 안에 계시다."(엡 4:6)

큰 동그라미 원 안에 있으면서 아래위로 갈라진 두 원이 있다. 위의 원은 하나님의 말씀〔言〕과 영(靈)과 도(道) 등 초월적이며 거룩하고 영원한 5차원의 영성우주를 상징한다. 이것이 제1우주이다. 아래의 원은 하나님께서 그의 말씀을 통해 창조하신 우주 곧 시간과 공간의 범주 안에 있는 4차원의 시공우주이다. 사물과 사람과 세속의 유한한 제2우주이다.

그런데 하나님께서는 자기의 형상대로 인간을 창조하시고, 그들로 하여금 세상 만물을 다스리게 하셨다.(창 1:27-29) 다스린다는 말은 '다 살린다'는 뜻이다. 곧 시공우주의 질서와 평화를 유지하는 책임을 지게 하신 것이며, 그 평화의 실현을 위한 생활의 규범을 주시었다. 이것이 곧 모세를 통해 주신 율법이요, 성현들을 통해 주신 윤리들이다. 율법은 시공우주 안에 있으면서 영성우주에 접촉되어 있는 작은 동그라미 원이다.

모세의 율법은 십계명으로 집약되는 것이며, 예수께서는 이것을 다시 '경천애인'의 두 계명으로 집약하셨다.

"첫째는 이것이니 …… 네 마음을 다하고, 목숨을 다하고, 뜻을 다하고, 힘을 다하여 주 너의 하나님을 사랑하라. …… 둘째는 이것이니, 네 이웃을 네 몸같이 사랑하라 하신 것이니, 이보다 더 큰 계명은 없느니라."(막 12:29-31)

우리 동양인에게는 일찍이 공자님을 통해 자기를 극복하고 하늘의 법도를 따라 삼강오륜의 윤리 실천을 통해 평화를 이루도록 하셨다.

그러나 인류 역사에서 동서를 막론하고 이러한 율법을 지킴으로써 평화를 성취한 일이 없었다. 역사는 반윤리적인 전쟁과 살생으로 점철되어왔다. 이에 사랑이신 하나님께서는 그의 뜻인 평화를 성취하시기 위해 제2의 창조 작업을 단행하셨다. 그것은 당신의 말씀이요, 아들인 '로고스'로 하여금 인간이 되어 이 세상에 오게 하신 도성인신(道成人身)의 성육신(成肉身) 사건이다. 곧 평화의 왕이신 예수 그리스도의 탄생이 그것이다. 이것이 첫 구원의 복된 소식 곧 복음이었다. 그러므로 율법은 그리스도의 탄생이 이루어지기까지 인류를 교육하고 양육하는 소학 선생의 역할을 하게 하신 것이다.(갈 3:24)

2. 종교계 만다라 - 종교적 각성과 자유

"말씀이 육신이 되어 우리 가운데 사셨다. 우리가 그의 영광을 보니, 그것은 아버지께서 주신 독생자의 영광이며, 그 안에는 은혜와 진리가 충만하였다."(요 1:14)
"율법은 모세를 통해 받은 것이요, 은혜와 진리는 예수 그리스도로 말미암아 생겨났다."(요 1:17)

영원한 초월적인 하나님의 말씀 '로고스'가 시공우주의 중심인 인간이 되어 이 세상에 오셨다. 하나님의 아들이 나사렛의 한 목수의 아들로 태어난 것이다. 이로써 영성우주의 반지름과 시공우주의 반지름이 하나로 겹친 물고기 모양의 제3우주가 창조되었다. 이 안에서는 영원과 시간이 하나가 된 것이며, 영과 육이 하나가 된 것이며, 하나님의 거룩과 인간의 세속이 하나가 된 6차원의 제3우주가 전개된다.

초대교인들이 그리스도인임을 표현하기 위해 물고기를 그렸다는 것이 상기된다. 물고기를 뜻하는 그리스어 '익수스(IXΘUS)'는 '예수 그리스도 하나님 아들 구세주'라는 단어의 첫

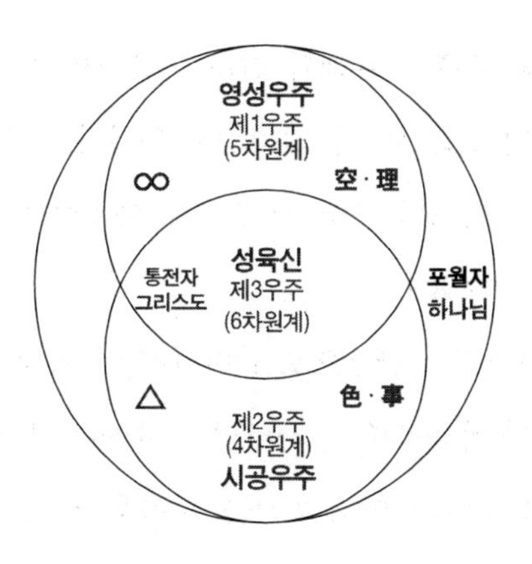

글자들을 모은 것이기 때문이다.

불교의 표현을 사용한다면, 역사적 예수〔色〕가 곧〔卽〕 초월적 로고스〔空〕이다. 로고스와 예수는 두 분이면서 한 분이고, 한 분이면서 두 분인 '불일불이(不一不二)'의 존재이다. 따라서 성육신하신 그리스도 안에서는 로고스〔理〕와 사물〔事〕 사이에 걸림이 없는 자유의 세계가 전개된다〔理事無碍法界〕.

영원과 시간이 하나이고, 초월과 공간이 하나이다. 따라서 시간과 공간에 구애되지 않는다. 그렇기 때문에 2천 년 전 유대에서 일어난 그리스도 사건이 지금 우리 안에서도 일어날 수 있는 것이다.

이러한 제3우주가 은혜와 진리로 충만한 복음우주이다. 은혜란 하나님의 축복이며, 하나님이 우리와 함께 계신 '임마누엘'의 하늘나라이다. 진리란 우리를 자유케하신 성육신의 복음진리이다.(요 8:32)

예수 그리스도의 탄생으로 말미암아 이 세상에는 은혜와 진리가 충만한 복음우주 곧 하나님의 나라가 창조되었다. 이것이 제1의 복음이다. 이제 우리는 이 복음을 믿고 제3우주로 들어가기만 하면, 하나님의 나라에서 영생할 수 있게 되었다.

율법에 밝은 바리새인 니고데모는 밤중에 예수를 찾아와서 하늘나라로 들어가는 길을 물었다. 이에 대한 예수님의 대답은 간명했다.

> "사람이 물과 성령으로 거듭나지 아니하면 하나님 나라에 들어갈 수 없다."(요 3:5)

사람이 자기와 이 세상에 집착한 '나'를 부정하고 새로운 존재로 거듭나지 않고는 하늘나라에 들어갈 수 없다는 것이다. 그러나 인간이 자력으로 거듭난다는 것은 어머니 뱃속으로 다시 들어갔다 나오는 것만큼 어렵고 불가능한 일이다.

이에 하나님께서는 제2의 복음사건 곧 그리스도의 십자가와 부활을 통해 믿는 이들로 하여금 새로운 존재로 거듭나게 하는 제3의 창조를 감행하신 것이다. 곧 그리스도로 하여금 인간을 대신해서 십자가에 달려 돌아가시게 함으로써 신도들로 하여금 옛사람에 대하여는 죽게 하신 것이며, 그가 다시 부활케 하심으로 신도들로 하여금 새로운 존재로 거듭나게 하신 것이다.

역사적 예수가 인간을 대신하여 속죄의 죽음을 죽을 수 있고, 또한 부활할 수 있는 것은 제3우주 안에서 가능한 일이다. 이제 사람들은 그를 믿고 받아들임으로써 제3의 복음우주로 들어갈 수 있게 되었다. 이것을 예식화한 것이 세례식이다.(롬 6:3-5) 물로 세례를 베풀지만, 성령의 역사로 말미암아 새로운 존재로 거듭난다.

3. 복음계 만다라 - 복음적 실존과 사랑

"조금 있으면 세상이 나를 보지 못할 것이다. 그러나 너희는 나를 볼 것이다. 그것은 내가 살아 있고, 너희도 살아 있을 것이기 때문이다. 그 날에 너희는, 내가 아버지 안에 있고, 너희가 내 안에 있고, 또 내가 너희 안에 있는 것을 알게 될 것이다. 내 계명을 받아서 지키는 사람은 나를 사랑하는 사람이요, 나를 사랑하는 사람은 내 아버지의 사랑을 받을 것이다. 그리고 나도 그를 사랑하며, 그에게 나를 드러낼 것이다."(요 14:19-21)

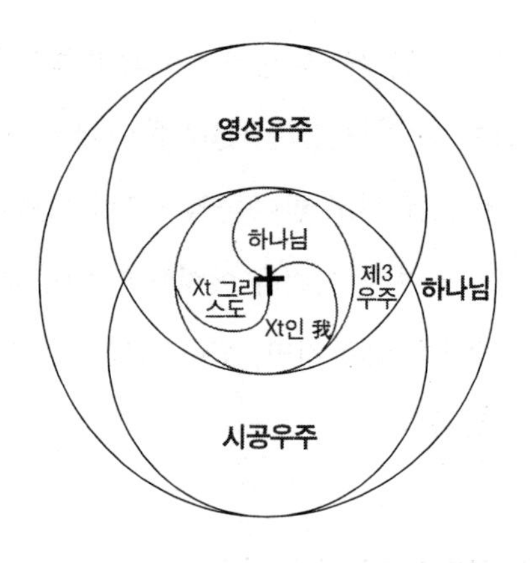

제3우주 안에서 일어난 그리스도의 죽음은 인간의 죄로 인한 죽음을 대신 죽어주신 것이며, 그의 부활은 우리로 하여

금 새로운 존재로 다시 살아나게 한 창조적 사건이다. 이러한 대속의 죽음과 부활은 성육신의 제3우주 안에서만 가능한 일이다. 이것이 복음이다. 따라서 그리스도의 복음을 믿고 받아들인 사람은 그리스도와 함께 죽고 또한 그와 함께 살아남으로써 새로운 존재가 된다.(롬 6:5, 갈 2:20) '그날에는' 놀랍게도 그리스도를 매개로 하나님과 우리가 하나가 되는 삼태극적 존재 곧 복음적 실존이 되는 것이다. 차원으로 말하면 7차원적 존재이다.

우주와 인간을 창조하시고 "그가 창조하신 모든 것을 보시니 보시기에 매우 아름다웠다"(창 1:31)고 하신 하나님은 자신의 미적 이념을 형상화하시는 창조적 예술가이시다. 우주의 대폭발(빅뱅)로 시작하신 그의 창조 작업은 137억 년간 계속되어왔다. 그리고 드디어 그리스도의 성육신을 통해 제3우주를 창조하시고, 다시 그리스도의 십자가와 부활을 통해 우주의 중심에 복음적 실존을 창조하심으로써 그의 예술의 대단원을 이루셨다. 이것을 그림으로 표현한 것이 '복음계 만다라'이다.

하나님 안에 있는 영성우주와 시공우주는 그리스도의 성

육신으로 말미암아 하나가 되어 제3의 복음우주를 창출했다. 하나님께서는 다시 그리스도의 십자가와 부활을 통해 제3우주 안에 복음적 실존을 창조하신 것이다. 제3우주는 포월적인 하나님의 눈의 모양이요, 그 안의 복음적 실존인 삼태극은 하나님의 눈동자와도 같다. 우리는 이제 대우주의 중심에 있는 하나님의 눈동자에 내포되어 있는 실존이 된 것이다.

하나님의 형상대로 창조된 인간은 이제 그리스도를 모심으로써 하나님의 자녀된 특권을 누리며, 하나님의 미적 이념에 따라 우주적 평화와 자유와 사랑의 기쁨 속에 각자에게 주어진 삶을 아름답게 창조적으로 살아가게 되었다.

그리스도인이 된다는 것은 아버지 되신 하나님과 함께 창조적 예술가가 되는 것이다. 이것이 7차원계에서 사는 그리스도인의 실상이다. 우리는 이제 복음적 실존의 만다라를 관상하면서 자신의 위치와 사명을 되새기며, 각자에게 주어진 삶을 소재로 하나님의 뜻인 아름다움을 창조해가야 한다. 이것이 하나님의 계명인 사랑의 실천적 삶이다. 하루에서 영원을 살아가는 하나님의 자녀가 된 것이다.

연세신학문고 1

제3시대와 요한복음

2014년 7월 30일 초판 1쇄 발행
2017년 6월 23일 초판 2쇄 발행

지은이 | 유동식
펴낸이 | 김영호
펴낸곳 | 도서출판 동연
편 집 | 박연숙 디자인 | 황경실 관리 | 이영주
등 록 | 제1-1383호(1992년 6월 12일)
주 소 | (우 03962) 서울시 마포구 월드컵로 163-3
전 화 | (02) 335-2630
팩 스 | (02) 335-2640
이메일 | yh4321@gmail.com / h-4321@daum.net

Copyright © 연세대 한국기독교문화연구소, 2014

이 책은 저작권법에 따라 보호받는 저작물이므로, 무단 전재와 복제를 금합니다.
잘못된 책은 바꾸어 드립니다.
책값은 뒤표지에 있습니다.

ISBN 978-89-6447-231-6 03200
ISBN 978-89-6447-230-9 03200(세트)